KB073238

유비쿼터스
성공리더십

유비쿼터스 성공리더십

초판 1쇄 발행 2023년 11월 22일

지은이 이정완
펴낸이 이기봉
편집 좋은땅 편집팀
펴낸곳 도서출판 좋은땅
주소 서울특별시 마포구 양화로12길 26 지월드빌딩 (서교동 395-7)
전화 02)374-8616~7
팩스 02)374-8614
이메일 gworldbook@naver.com
홈페이지 www.g-world.co.kr

ISBN 979-11-388-2504-7 (03190)

• 가격은 뒤표지에 있습니다.

• 파본은 구입하신 서점에서 교환해 드립니다.

Ubiquitous

유비쿼터스 성공리더십

Leadership

이정완 지음

이 책은 미래의 개인과 조직의 성공을 위해 나침반과도 같은 역할을 할 것입니다. 또한, 독자들에게 미래의 유비쿼터스 리더로 성장하기 위해 자기주도적으로 학습하도록, 그 성공을 향한 첫 걸음을 내딛을 모험심과 도전의 용기를 제공할 것입니다

_프롤로그 중에서

좋은땅

‖ 목차 ‖

제2부. 유비쿼터스 부(富)(Ubiquitous Wealth)

제3부. 유비쿼터스 리더십(Ubiquitous Leadership)

프롤로그

기술의 급격한 발전, 글로벌 경제의 불안정성, 다문화적인 사회의 확대, 그리고 기업과 조직의 치열한 경쟁 환경에서 요구되는 리더의 역할은 우리의 경제와 사회 구조를 재조정하고 있습니다. 스마트폰, 태블릿, 인공지능, 사물인터넷이 우리의 일상으로 스며들면서 지금의 세상은 이전과는 비교할 수 없을 만큼 빠르게 변화하고 있습니다. 현재의 유비쿼터스 환경에서는 더 이상 과거의 리더십 모델로는 충분히 대응할 수 없는 변화와 도전에 직면하고 있습니다. 이제 우리는 더욱 빠르게 변화하는 세상에 적합한 새로운 리더십 모델이 필요한 시대를 맞이하게 되었습니다.

유비쿼터스(Ubiquitous)란, 어디에서나 언제나 접근 가능하며, 어떤 상황에서도 활용할 수 있는 기술과 정보를 의미합니다. 스마트폰과 인터넷을 통해 우리는 세계 각지의 정보에 손쉽게 접근하고, 업무를 수행하며, 의사소통하고 있습니다. 이러한 유비쿼터스 환경에서 성공적인 리더십을 발휘하려면 기존의 전통적인 리더십에서 필요로 하는 지식과 능력뿐만 아니라, 디지털 기술 이해와 적용 역량, 데이터 기반 의사 결정과 예측 역량, 다양한 커뮤니케이션 도구와 스킬의 활용, 실시간 의사소통과 협업 역량, 비즈니스 영역의 이해와 네트워킹 역량, 자기주도적 학습과 성장 능력, 다양성과 포용력, 그리고 변화 관리 역량을 핵심 요소로 하는 "유비쿼터스 리더십"이 필요합니다.

《유비쿼터스 성공리더십》은 이러한 새로운 환경에서 요구되는 유비쿼터스 리더십의 모습을 구체화하는 여정입니다. 이를 위해, 제1부에서는 유비쿼터스 환경에서의 성공의 개념, 핵심 요소, 그리고 유비쿼터스 성공 구현 전략을 소개하였으며, 제2부에서는 유비쿼터스 부(富)의 개념, 핵심 요소, 그리고 유비쿼터스 부(富)를 창출하기 위한 전략을 살펴보았으며, 제3부에서는 유비쿼터스 리더십의 개념, 핵심 요소, 그리고 유비쿼터스 리더십의 구현 전략을 설명하였습니다. 이 책에서 소개하는 유비쿼터스 리더십은 단순히 기술을 다루는 능력이나 경영 노하우만을 의미하지 않습니다. 유비쿼터스 리더십은 우리가 살아가는 디지털 세상의 복잡성과 다양성을 이해하고, 그에 맞게 효과적으로 대응하는 데 필요한 기술과 지혜를 포함하고 있습니다. 유비쿼터스 리더는 변화의 흐름을 읽고, 변화를 주도하는 역할을 하면서, 동시에 조직과 개인의 성공을 위해 지속적으로 배우고 발전하는 자세를 가지고 있어야 합니다. 따라서 이 책을 통해 독자는 혁신적인 아이디어와 기술을 활용하여 조직을 효과적으로 변화시키고, 그 변화를 통해 지속적인 성장을 창출하는 방법을 배울 것입니다.

끝으로, 이 책은 우리가 어떻게 더 나은 유비쿼터스 리더가 되고, 다양한 조직을 성공적으로 이끌어 나갈 수 있는지에 대한 통찰력을 제공할 것입니다. 따라서 이 책은 미래의 개인과 조직의 성공을 위해 나침반과도 같은 역할을 할 것입니다. 또한, 독자들에게 미래의 유비쿼터스 리더로 성장하기 위해 자기주도적으로 학습하도록, 그 성공을 향한 첫 걸음을 내딛을 모험심과 도전의 용기를 제공할 것입니다.

제1부

유비쿼터스 성공 (Ubiquitous Success)

유비쿼터스 성공 개념

제1절. 유비쿼터스 시대의 성공의 개념

유비쿼터스 시대는 현대 사회에서 기술과 정보의 보편화로 인해 다양한 변화를 불러왔습니다. 이러한 변화 속에서 개인, 기업, 정부, 사회 전반에 걸친 성공의 개념과 정의도 새롭게 정립되고 있습니다. 이 절에서는 유비쿼터스 시대의 성공에 대한 개념과 정의를 탐구하고, 그것이 어떻게 형성되고 측정되는지에 대해 설명하겠습니다.

제1항. 유비쿼터스 시대의 특징

유비쿼터스 시대는 정보 기술(IT)의 발전과 인터넷의 보급으로 어디에서나 언제든지 정보에 접근 가능한 시대를 의미합니다. 이러한 시대의 특징은 다음과 같습니다.

첫째, 무선 네트워크입니다. 무선 통신 기술의 발전으로 모바일 장치와 사물인터넷(IoT) 장치들이 언제든지 어디에서나 인터넷에 접속할 수 있습니다.

둘째, 빅 데이터입니다. 대량의 데이터가 생성되고 수집되며, 이를 분석하여 정보를 추출하는 것이 가능합니다.

셋째, 클라우드 컴퓨팅입니다. 클라우드 기술을 통해 데이터와 애플리케이션을 언제나 어디서나 접근 가능하게 합니다.

넷째, 사물인터넷(IoT)입니다. 모든 종류의 장치와 센서가 연결되어 상호 작용하며, 우리의 일상생활을 향상시킵니다.

제2항. 유비쿼터스 시대의 성공의 개념

성공은 개인과 조직마다 상황에 따라 다르게 정의될 수 있지만, 유비쿼터스 시대의 성공은 다음과 같은 측면을 고려해 정의될 수 있습니다.

첫째, 경제적 성공입니다. 유비쿼터스 시대에서의 경제적 성공은 새로운 비즈니스 모델과 창조적인 기술의 활용을 통해 이루어집니다. 디지털 플랫폼을 통한 서비스 제공, 데이터 분석을 통한 개인 맞춤형 마케팅, 인공 지능을 활용한 프로세스 자동화 등이 이에 해당합니다. 기존의 산업을 혁신하거나 새로운 시장을 개척하는 기업들이 성공의 중심에 서게 됩니다. 성공한 기업은 새로운 시장 기회를 창출하고 끊임없이 혁신하여 경쟁력을 유지합니다.

둘째, 개인적 성공입니다. 개인적 성공은 유비쿼터스 시대에서는 더욱 다양한 요소로 정의됩니다. 지식과 정보에 쉽게 접근하며 자기 계발을 이루는 것, 원격 교육과 온라인 스킬 획득을 통해 전문성을 향상시키는 것, 더 풍부한 삶의 경험을 위해 다양한 활동을 참여하는 것 등이 여기에 해당합니다.

셋째, 사회적 성공입니다. 유비쿼터스 시대의 사회적 성공은 다양성과 포용성을 지향하는 것이 강조됩니다. 디지털 기술을 통해 사회적 연결성을 높이고 정보 격차를 줄이는 것이 중요합니다. 또한, 공공의 복지와 시민 참여를 증진시키는 데에도 성공이 나타날 수 있습니다.

넷째, 기술 활용 능력입니다. 유비쿼터스 시대에서 성공은 새로운 기술을 적극적으로 수용하고 활용하여 문제를 해결하거나 새로운 가치를 창출하는 것이 성공의 핵심입니다. 이러한 접근은 기술에 대한 지속적인 학습과 적응력을 요구합니다.

다섯째, 정보 활용 능력입니다. 유비쿼터스 시대에서 성공은 정보를 수집하고 분석하여 의사 결정을 내리는 능력과 관련이 있습니다. 정보의 효과적인 활용은 조직과 개인의 경쟁력을 향상시키는 데 중요합니다.

제3항. 유비쿼터스 시대의 성공의 척도

유비쿼터스 시대의 성공은 다양한 측면에서 측정될 수 있습니다. 아래에는 그중 일부를 설명합니다.

첫째, 기술 적응력입니다. 성공한 개인과 기업은 끊임없이 변화하는 기술 환경에 적응할 수 있어야 합니다. 새로운 기술을 습득하고 활용할 능력이 유용합니다.

둘째, 데이터 활용입니다. 대량의 데이터를 수집하고 분석하여 통찰력을 얻는 능력은 성공과 직결됩니다. 빅 데이터 분석과 데이터 마이닝 기술의 이해가 필요합니다.

셋째, 사회적 상호 작용입니다. 유비쿼터스 시대에서는 사회와의 상호작용이 확장됩니다. 소셜 미디어와 온라인 커뮤니티를 효과적으로 활용할 수 있어야 합니다.

넷째, 비즈니스 혁신입니다. 기업은 유비쿼터스 시대의 기술을 활용하여 제품과 서비스를 혁신해야 합니다. 새로운 비즈니스 모델을 개발하고 시장에서 경쟁력을 유지해야 합니다.

유비쿼터스 시대의 성공은 경제적, 기술적, 정보적, 사회적 측면에서 종합적으로 판단되어야 합니다. 또한, 유비쿼터스 시대의 성공을 위해서는 기술적 지식과 역량의 지속적인 개발이 필수적입니다. 따라서, 유비쿼터스 시대의 성공은 단순히 이윤을 추구하는 것 이상으로, 혁신과 지속 가능성을 통해 사회와 조직에 긍정적인 영향을 미치는 것으로 정의되어야 합니다. 이는 기존의 성공의 개념을 확장하고, 기술의 발전과 사회적 변화에 적극적으로 대응하며 혁신적인 사고와 행동을 지속적으로 발전시키는 것을 요구합니다.

제2절. 유비쿼터스 시대의 성공과 디지털 변혁

디지털 기술의 발전으로 우리는 유비쿼터스 시대로 진입하게 되었습니다. 이 시대에서는 디지털 기술이 사회, 경제, 그리고 개인 생활에 미치는 영향이 상당히 크며, 기업과 개인 모두에게 큰 변화를 가져왔습니다. 이 절에서는 유비쿼터스 시대의 성공과 디지털 변혁 사이의 관계를 분석하고 설명하겠습니다.

제1항. 디지털 변혁의 중요성

디지털 변혁은 기업과 개인의 성공에 미치는 영향이 큽니다. 다음은 그 중요성을 설명합니다.

첫째, 기업 경쟁력 향상입니다. 기업은 디지털 변혁을 통해 프로세스를 효율화하고 새로운 비즈니스 모델을 개발할 수 있습니다. 이는 경쟁에서 뒤처지지 않고 새로운 시장 기회를 활용하는 데 도움이 됩니다.

둘째, 혁신을 촉진합니다. 디지털 변혁은 혁신을 촉진합니다. 신제품 및 서비스의 개발과 혁신적인 솔루션을 통해 고객을 더욱 만족시키는 데 기여합니다.

셋째, 데이터 기반 의사 결정입니다. 빅데이터 및 분석 기술은 데이터를 기반으로 한 의사 결정을 가능하게 합니다. 이를 통해 기업은 더 정확한 전략을 수립하고 조직의 성과를 향상시킬 수 있습니다.

제2항. 유비쿼터스 시대와 디지털 변혁의 관계

첫째, 경제적 성공과 디지털 변혁입니다. 유비쿼터스 시대의 디지털 변혁은 기업들에게 경제적 성공의 기회를 제공하고 있습니다. 디지털 기술을 적극적으로 도입한 기업들은 생산성 향상, 비용 절감, 효율적인 고객 관리 등을 통해 경쟁 우위를 확보할 수 있습니다. 또한, 전자 상거래, 온라인 서비스 등의 확대로 새로운 비즈니스 모델이 탄생하고 시장의 확장이 이루어짐으로써 기업의 성장 기회가 확장되고 있습니다.

둘째, 사회 구조와의 상호 작용입니다. 디지털 변혁은 사회 구조와의 상호 작용을 형성하고 변화시키고 있습니다. 정부와 공공기관은 디지털 기술을 활용하여 효율적인 행정 서비스를 제공하고 시민과의 상호 작용을 강화할 수 있습니다. 또한, 교육 부문에서는 온라인 교육 플랫폼을 통해 학습 경험을 확장하고 평균적인 학습 환경을 개선하는 데 기여하고 있습니다.

셋째, 개인 및 생활 방식의 변화입니다. 유비쿼터스 시대의 디지털 변혁은 개인의 생활 방식을 크게 변화시키고 있습니다. 스마트폰, 웨어러블 디바이스, 스마트 홈 등은 사람들이 언제 어디서나 정보와 서비스에 접근하고 소통할 수 있도록 해 주었습니다. 이로 인해 일과 생활의 경계가 모호해지고 유연한 업무 방식과 워라밸런스(work-and-life balance)가 강조되고 있습니다.

제3항. 디지털 변혁 성공과 실패 사례

사례 1. 스마트폰 산업의 성장

스마트폰은 유비쿼터스 시대의 상징적인 제품 중 하나로, 빠른 인터넷 접속과 다양한 앱을 통해 우리의 일상생활을 혁신했습니다. Apple과 Samsung 같은 기업은 이 분야에서 성공을 거두었으며, 이로 인해 디지털 변혁이 가속화되었습니다.

사례 2. 전자 상거래의 부상

전자 상거래 플랫폼인 Amazon, Alibaba, eBay, 쿠팡 등은 소비자에게 편의성을 제공하며 전통적인 소매업을 뒤집었습니다. 이로 인해 소매업은 디지털 기술을 통한 변혁을 강요받고 있으며, 온라인 판매가 급증하고 있습니다.

사례 3. Netflix의 스트리밍 서비스

Netflix는 DVD 대여 사업에서 스트리밍 서비스로의 전환을 성공적으로 이루었습니다. 이로써 시청자들은 언제 어디서나 영화와 TV 프로그램을 시청할 수 있게 되었으며, 이 모델은 엔터테인먼트 산업을 완전히 변혁시켰습니다.

사례 4. Blockbuster의 몰락

Blockbuster는 디지털 스트리밍에 대한 대응을 제대로 하지 못하고 고객 경험을 놓치면서 쇠퇴하고 망했습니다. 이는 디지털 변혁에 대한 무관

심이 기업의 몰락으로 이어진 사례 중 하나입니다.

유비쿼터스 시대와 디지털 변혁은 긴밀하게 연결되어 있으며, 디지털 변혁은 성공과 실패의 경험을 통해 기업과 개인의 미래에 큰 영향을 미치고 있습니다. 성공적인 디지털 변혁은 새로운 비즈니스 기회를 창출하고 경쟁력을 향상시키는 동시에 고객에게 더 나은 가치를 제공합니다. 하지만 변혁을 놓치는 경우 기업은 쇠퇴하고 시장에서 밀려날 수 있습니다. 따라서, 이러한 변화에 대한 적절한 대응책이 필요하며, 지속적인 변화에 대한 적응 능력이 중요합니다.

제3절. 인공 지능과 빅데이터의 활용

현대 사회에서는 데이터가 폭발적으로 증가하고 있으며, 인공 지능과 빅데이터 기술은 현대 사회에서 빠르게 발전하고 있으며, 기업, 정부, 학계 등 다양한 분야에서 활용되고 있습니다. 이 절에서는 인공 지능과 빅데이터의 활용에 대해 분석해 보고, 그 중요성과 문제점 등에 대해 설명하겠습니다.

제1항. 인공 지능과 빅데이터 개념

인공 지능(Artificial Intelligence, AI)은 컴퓨터 시스템이 인간과 유사한 지능을 가지도록 설계되고 프로그래밍된 기술입니다. 기계 학습(Machine Learning), 신경망(Neural Networks), 자연어 처리(Natural Language Processing) 등 다양한 기술이 AI의 핵심 요소로 작용합니다.

빅데이터(Big Data)는 기존 데이터베이스 관리 도구로 처리하기 어려운 대규모의 데이터 집합을 의미합니다. 빅데이터는 Volume(양), Velocity(속도), Variety(다양성), Veracity(신뢰성), Value(가치)의 다섯 가지 특성으로 정의됩니다.

제2항. 인공 지능과 빅데이터의 활용

첫째, 기업의 업무 분야에서의 활용입니다. 빅데이터와 인공 지능을 활용하여 고객 행동을 예측하고 효과적인 마케팅 전략을 개발할 수 있습니다.

개인화된 광고, 추천 시스템, 고객 서비스 개선 등에 활용되고 있습니다.

둘째, 산업 분야에서의 활용입니다. 제조업에서는 인공 지능을 사용하여 생산 공정을 최적화하고 불량률을 줄이는 데 성공하였습니다. 또한, 빅데이터 분석을 통해 부품의 고장 예측과 재고 최적화를 실현하고 있습니다.

셋째, 의료 및 생명과학 분야에서의 활용입니다. 의료 분야에서 인공 지능과 빅데이터는 진단, 치료, 예방 등 다양한 응용 프로그램을 가지고 있습니다. 의료 기록의 디지털화로 인해 환자 데이터를 분석하여 질병 패턴을 파악하고 개인 맞춤형 치료 계획을 수립하는 데 활용됩니다.

넷째, 금융 분야에서의 활용입니다. 금융 기관은 대규모 거래 데이터를 분석하여 사기 탐지, 신용 평가, 투자 전략 등에 인공 지능과 빅데이터를 활용하고 있습니다. 금융 시장의 불확실성을 예측하고 포트폴리오를 최적화하는 데 도움을 줍니다.

다섯째, 정부와 공공 서비스 분야에서의 활용입니다. 도시 교통 시스템에서 인공 지능을 활용하여 교통 흐름을 최적화하고 교통 사고 예방에 기여하고 있습니다. 경찰은 빅데이터를 기반으로 범죄 발생 패턴을 예측하고 범죄 예방에 활용하고 있습니다.

제3항. 장점 및 도전 과제

가. 장점

첫째, 정확한 예측과 분석입니다. 빅데이터 분석과 인공 지능 기술을 결합하면 고도의 정확도로 향후 동향을 예측하거나 복잡한 패턴을 식별할 수 있습니다.

둘째, 개인 맞춤형 서비스 제공입니다. 사용자의 행동 및 취향을 분석하여 맞춤형 광고, 추천 시스템 등을 구축할 수 있습니다.

셋째, 시간과 비용 절감입니다. 자동화된 프로세스와 효율적인 의사 결정은 비즈니스 프로세스를 개선하고 생산성을 높입니다.

나. 도전 과제

첫째, 데이터 보안과 프라이버시 문제입니다. 대량의 데이터를 다루는 만큼 데이터 유출 및 해킹과 같은 보안 문제에 대한 우려가 증가하고 있습니다.

둘째, 알고리즘 편향성입니다. 인공 지능 시스템의 학습 데이터가 편향될 경우 공정하지 않은 결정을 내릴 수 있습니다.

셋째, 기술적 한계입니다. 모든 분야에서 인공 지능과 빅데이터를 활용하기에는 기술적 한계가 존재하며, 이를 극복하기 위한 연구와 개발이 필요합니다.

인공 지능과 빅데이터는 현대 사회에서 더욱더 중요해지고 있으며, 이를 활용하는 것은 다양한 업무 분야에서 효율성을 증가시키고 혁신을 이끌 수 있는 기회를 제공하고 있습니다. 그러나 동시에 개인 정보 보호와 일자리 변화와 같은 사회적 이슈에 대한 관심도 높아져야 합니다. 따라서 도전 과제를 극복하고 지속적인 연구와 윤리적 고려를 통해 이러한 기술을 발전시켜 나가는 것이 중요합니다.

제4절. 클라우드 컴퓨팅과 사물인터넷(IoT)의 활용

클라우드 컴퓨팅과 사물인터넷(IoT) 기술은 현대 비즈니스 및 기술 환경에서 중요한 역할을 하고 있습니다. 클라우드 컴퓨팅은 컴퓨팅 자원을 네트워크를 통해 제공하고 공유함으로써 데이터 처리 및 저장을 효율적으로 관리하는 기술입니다. 반면에 사물인터넷은 일상적인 물건들을 인터넷에 연결하여 데이터를 주고받고 제어하는 기술을 의미합니다. 이 절에서는 클라우드 컴퓨팅과 사물인터넷의 기술적 활용에 대해 살펴보겠습니다.

제1항. 클라우드 컴퓨팅

가. 클라우드 컴퓨팅의 개념

클라우드 컴퓨팅(cloud computing)은 IT 리소스를 인터넷을 통해 제공하는 기술로, 이를 통해 사용자는 서버, 스토리지, 데이터베이스, 네트워크 및 소프트웨어와 같은 다양한 IT 자원을 필요한 만큼 이용할 수 있습니다. 이러한 자원은 가상화 기술을 통해 관리되며, 사용자는 인터넷을 통해 원격으로 이 자원을 이용할 수 있습니다.

나. 클라우드 컴퓨팅 기술의 특징

첫째, 데이터 저장 및 처리입니다. 클라우드 컴퓨팅은 사물인터넷에서 생성되는 대량의 데이터를 효율적으로 저장하고 처리하는 데 중요한 역할을 합니다. IoT 기기들은 센서를 통해 다양한 데이터를 수집하며, 이 데이터는 클라우드 환경에서 저장되어 분석 및 가공됩니다.

둘째, 실시간 모니터링 및 제어입니다. 클라우드 기반의 사물인터넷 시스템은 실시간으로 장치를 모니터링하고 제어할 수 있는 기능을 제공합니다. 이를 통해 원격에서도 기기들을 모니터링하고 문제를 신속하게 해결할 수 있습니다.

셋째, 확장성과 유연성입니다. 클라우드 컴퓨팅을 이용하면 필요에 따라 컴퓨팅 자원을 확장하거나 축소할 수 있습니다. 이는 사물인터넷 기기의 증가나 변화에 대응하기에 매우 유용합니다.

넷째, 비용 절감입니다. 클라우드 컴퓨팅을 사용하면 하드웨어 및 유지보수 비용을 절감할 수 있으며, 미리 지불하지 않고 사용한 만큼만 지불하는 Pay-as-You-Go 모델을 적용할 수 있습니다.

다. 클라우드 컴퓨팅 기술의 활용

첫째, 웹 호스팅 서비스입니다. 웹사이트 및 애플리케이션을 클라우드 서버에 호스팅하여 전 세계 사용자에게 서비스를 제공합니다.

둘째, 빅데이터 분석입니다. 대규모 데이터를 처리하고 분석하기 위해 클라우드 플랫폼을 사용하여 비즈니스 인텔리전스를 향상시킵니다.

셋째, 데이터 백업 및 복구입니다. 중요한 데이터의 백업 및 재해 복구 솔루션으로 클라우드 스토리지를 활용합니다.

제2항. 사물인터넷(IoT)

가. 사물인터넷의 개념

사물인터넷(Internet of Things, IoT)은 일상생활의 사물을 인터넷으로 연결하여 데이터를 수집하고 공유하는 기술입니다. 이를 통해 물리적인 장치들이 정보를 수집하고 분석하여 자동화 및 의사 결정에 활용됩니다.

나. 사물인터넷(IoT) 기술의 특징

첫째, 자동화 및 원격 관리입니다. 사물인터넷은 자동화된 제어 시스템을 가능하게 하며, 원격으로 기기를 관리하고 모니터링할 수 있습니다.

둘째, 중앙 집중화된 데이터 수집 및 분석입니다. 사물인터넷은 다양한 환경에서 실시간으로 데이터를 수집하고 이를 분석하여 의미 있는 정보를 도출합니다. 클라우드 컴퓨팅은 이러한 데이터를 중앙 집중화하여 효율적으로 처리하고 필요한 정보를 추출하는 데 활용됩니다.

셋째, 머신 러닝 및 예측 분석입니다. 클라우드 컴퓨팅은 사물인터넷에서 수집된 데이터를 기반으로 머신 러닝과 예측 분석을 수행하는 데 사용됩니다. 이를 통해 패턴을 파악하고 미래 트렌드를 예측할 수 있습니다.

넷째, 보안 및 업데이트 관리입니다. 사물인터넷 기기는 보안 문제에 노출될 수 있습니다. 클라우드 컴퓨팅은 중앙에서 보안 감시 및 업데이트 관리를 통해 사물인터넷 기기의 보안을 강화하는 역할을 수행합니다.

다. 사물인터넷 기술의 활용

첫째, 스마트 시티입니다. 도시 인프라를 연결하여 교통 흐름, 에너지 소비, 공공 안전을 관리하고 최적화합니다.

둘째, 스마트 헬스케어입니다. 환자 모니터링 및 의료 기기를 통해 의료 서비스를 개선하고 환자의 건강 상태를 실시간으로 추적합니다.

셋째, 생산 자동화입니다. 제조업에서 센서 및 로봇을 사용하여 생산 프로세스를 자동화하고 모니터링합니다.

클라우드 컴퓨팅과 사물인터넷(IoT)은 현대 기술과 비즈니스 환경에서 중요한 역할을 하고 있으며, 이 두 기술을 효과적으로 활용함으로써 비즈니스 프로세스를 최적화하고 혁신을 이끌어 낼 수 있습니다. 이러한 기술적 혁신은 비즈니스 프로세스의 개선, 데이터 분석의 향상, 자동화 및 원격 모니터링의 가능성을 열어 줍니다. 그러나 보안 문제와 데이터 관리에 주의해야 하며, 적절한 전략과 기술적 지원이 필요합니다.

제5절. 5G 네트워크와 유비쿼터스 경영

5세대 이동통신(5G) 네트워크의 상용화와 함께 기업 경영 환경은 빠르게 변화하고 있습니다. 이러한 변화는 유비쿼터스 경영의 개념과 함께 기업의 경영 방식에 혁명적인 영향을 미치고 있습니다. 이 절에서는 5G 네트워크와 유비쿼터스 경영이 어떻게 발전하고 있는지에 대해 분석하고자 합니다.

제1항. 5G 네트워크의 개념과 장점

5G는 고속 데이터 전송, 낮은 지연 시간, 대용량 연결 등을 특징으로 하는 네트워크로, 이전 세대의 통신망보다 훨씬 빠르고 안정적인 연결을 제공합니다. 또한, 대량의 기기들을 동시에 연결하여 다양한 서비스를 지원할 수 있습니다.

이러한 5G 기술은 다양한 산업 분야에 적용되며 생산성 향상과 혁신을 촉진하고 있습니다. 자율 주행차, 스마트 공장, 원격 의료, 스마트 시티 등에서의 활용 사례가 늘어나고 있습니다. 이러한 기술적 특징은 기업의 네트워크 인프라와 연동되어 다음과 같은 장점을 제공합니다.

- 빠른 데이터 송수신으로 실시간 의사 결정 가능
- 대용량 데이터 처리로 빅데이터 분석 강화
- 사물인터넷(IoT) 장치와의 신속한 연결 향상

제2항. 5G 네트워크와 유비쿼터스 경영 연계의 장점

유비쿼터스 경영은 언제 어디서나 실시간으로 정보를 공유하고 처리함으로써 기업의 의사 결정과 업무 수행을 효율적으로 지원하는 경영 방식입니다. 이를 통해 기업은 업무 프로세스를 최적화하고 응답성을 높일 수 있습니다. 5G 네트워크와 결합되면서 다음과 같은 장점이 나타나고 있습니다.

첫째, 업무 환경의 유연성입니다. 유비쿼터스 경영은 장소와 시간에 구애받지 않고 업무를 수행할 수 있는 환경을 제공합니다. 이로 인해 업무의 유연성이 향상되며, 업무-생활 균형을 유지하는 데 도움이 됩니다.

둘째, 실시간 데이터 공유 및 분석입니다. 5G 네트워크는 거의 지연 없는 고속 연결을 제공하여 실시간으로 데이터를 공유하고 분석할 수 있게 해 줍니다. 이로 인해 기업은 실시간으로 경영 정보를 모니터링하고 더 빠른 의사 결정을 할 수 있습니다.

셋째, 원격 작업 및 협업입니다. 5G의 대역폭과 안정성은 원격 작업과 협업을 용이하게 만듭니다. 직원들은 어디서든 고화질의 비디오 회의나 협업 도구를 통해 실시간으로 의사소통하고 작업을 수행할 수 있습니다.

넷째, 기업 경쟁력 강화입니다. 5G와 유비쿼터스 경영을 도입하는 기업은 고객 서비스 향상, 생산성 향상, 비용 절감 등을 통해 경쟁력을 강화할 수 있습니다.

다섯째, 디지털 격차 해소입니다. 이러한 기술의 확산은 디지털 격차를 해소할 수 있는 기회를 제공합니다. 더 많은 사람들이 고급 기술에 접근할 수 있으며, 교육, 의료, 일자리 창출 등에 긍정적인 영향을 미칩니다.

제3항. 5G 네트워크와 유비쿼터스 경영의 적용 사례

사례 1. 제조업 분야

공정 모니터링과 로봇 제어 5G와 유비쿼터스 경영을 통해 제조업에서는 생산 라인의 실시간 모니터링 및 로봇 제어가 가능해졌습니다. 이로써 생산 효율이 향상되었고 결함률이 감소했습니다.

사례 2. 의료 분야

원격 진료와 의료 기기 연결 의료 분야에서는 5G를 활용한 원격 진료가 가능해졌으며, 의료 기기와의 연결로 의사와 환자 간의 빠른 정보 공유가 가능해졌습니다.

사례 3. 물류 분야

실시간 위치 추적 및 예측 분석 물류 분야에서는 5G와 유비쿼터스 경영을 통해 물류 관리가 더욱 효율적으로 이루어지며, 실시간 위치 추적과 예측 분석을 통해 재고 관리가 개선되었습니다.

5G 네트워크와 유비쿼터스 경영은 기업의 경영 방식을 혁신하고 생산성을 향상시키는 핵심 요소로 부상하고 있습니다. 이를 통해 실시간 데이터 분석, 원격 작업 및 협업, 스마트 제조와 물류 등 다양한 분야에서 업무 프로세스의 혁신과 효율성 향상이 이루어질 것으로 전망됩니다. 이러한 변화에 적극적으로 대응하고 기술을 활용하는 기업들은 경쟁력을 향상시키며 더 나은 미래를 구축할 것으로 기대됩니다.

제6절. 산업 4.0과 유비쿼터스 경영

현대 사회에서 기업들은 끊임없는 혁신과 발전을 통해 경쟁력을 유지하고 증가시키는 데 매우 노력하고 있습니다. 이러한 변화의 중심에는 "산업 4.0"과 "유비쿼터스 경영"이라는 두 가지 주요 키워드가 있습니다. 산업 4.0은 생산 과정을 자동화하고 데이터 분석을 통해 생산성을 향상시키는 개념이며, 유비쿼터스 경영은 언제 어디서나 정보를 얻고 활용할 수 있는 환경을 조성하는 개념입니다. 이 절에서는 이러한 개념들의 의의와 현재 산업 현장에서의 적용 사례 등을 살펴보겠습니다.

제1항. 산업 4.0이란?

산업 4.0은 제조업 및 기타 산업 분야에서 디지털 기술을 적극적으로 활용하는 혁명적인 개념입니다. 이 개념은 자동화, 인공 지능, 빅데이터 분석, 사물인터넷(IoT) 등의 기술을 활용하여 생산성을 향상시키고 비용을 절감하며 새로운 비즈니스 모델을 창출하는 것을 목표로 합니다. 산업 4.0은 다음과 같은 핵심 요소를 포함합니다.

첫째, 사물인터넷(IoT)과 연결성입니다. 산업 4.0은 기계, 센서, 장치 등의 사물들을 인터넷에 연결하여 데이터 수집과 공유를 가능하게 합니다. 이로써 실시간 정보에 기반한 의사 결정이 가능해집니다.

둘째, 빅데이터 및 분석입니다. 대량의 데이터를 수집하고 분석하여 비즈니스 인텔리전스를 얻는 것은 중요합니다. 이는 효율성 향상과 예측 분석을 가능하게 합니다.

셋째, 인공 지능 및 기계 학습입니다. 기업은 인공 지능 및 기계 학습 기술을 사용하여 자동화, 예측 및 의사 결정 프로세스를 개선할 수 있습니다.

넷째, 사물과 사람의 상호 작용입니다. 산업 4.0은 사물과 사람 간의 상호 작용을 촉진하며, 이는 생산성과 협업을 증대시킵니다.

제2항. 유비쿼터스 경영이란?

유비쿼터스 경영은 정보와 통신 기술의 발전으로 언제 어디서나 실시간으로 정보를 접근하고 활용할 수 있는 환경을 만드는 것을 의미합니다. 모바일 디바이스와 클라우드 컴퓨팅 기술의 발전으로 인해 조직 내에서의 의사소통과 협업이 원활하게 이루어질 수 있습니다. 이로 인해 시간과 장소에 제약받지 않는 유연한 업무 환경을 조성할 수 있습니다. 이를 통해 기업은 실시간 정보에 기반한 의사 결정을 내릴 수 있으며, 경영 프로세스의 자동화와 최적화를 실현할 수 있습니다. 유비쿼터스 경영은 기업이 다음과 같은 방식으로 경영을 개선하는 데 중요한 역할을 합니다.

첫째, 실시간 정보 제공입니다. 유비쿼터스 경영은 실시간으로 데이터를 수집하고 분석하여 의사 결정을 지원합니다. 이로써 기업은 빠른 대응과 개선을 가능하게 합니다.

둘째, 원격 작업 및 모니터링입니다. 유비쿼터스 경영은 원격 작업과 모니터링을 가능하게 하여 지리적인 제약을 극복하고 생산성을 높입니다.

셋째, 고객 경험 개선입니다. 실시간 데이터와 분석을 통해 기업은 고객의 요구 사항을 더 잘 파악하고 맞춤형 서비스를 제공할 수 있습니다.

제3항. 산업 4.0과 유비쿼터스 경영의 현장 적용 사례

사례 1. 스마트 제조

현재, 산업 4.0과 유비쿼터스 경영은 전 세계적으로 적극적으로 채택되고 있습니다. 제조업에서는 스마트 공장을 구축하여 생산 라인을 자동화하고 데이터 분석을 통해 공정을 최적화하고 있습니다. 스마트 공장에서는 IoT 센서를 통해 생산 라인의 모든 단계를 모니터링하고 데이터를 분석하여 효율적인 생산을 실현합니다.

사례 2. 원격 업무

유비쿼터스 경영의 한 예로, 모바일 장치와 온라인 협업 도구를 통해 장소에 구애받지 않는 원격 업무가 가능해지고 있습니다. 또한, 유통, 물류, 금융 등 다양한 산업 분야에서 빅데이터와 인공 지능을 활용한 혁신적인 서비스가 제공되고 있습니다.

산업 4.0과 유비쿼터스 경영은 현재의 산업 환경에서 빠르게 발전하고 있는 개념으로, 생산성과 효율성을 극대화하며 유연하고 창의적인 업무 환경을 조성하는 장점을 가지고 있습니다. 산업 4.0과 유비쿼터스 경영은 현대 기업에게 더 높은 생산성, 효율성, 그리고 경쟁력을 제공하는 중요한 개념입니다.

제7절. 사회적 기업과 유비쿼터스 경영

사회적 기업은 기업의 경제적 이익 추구뿐만 아니라 사회적 가치 창출을 목표로 하는 새로운 경영 패러다임으로 주목받고 있습니다. 한편, 유비쿼터스 기술의 발전은 디지털화와 정보화 시대를 열어 주며 기업 경영 방식에 혁명적인 변화를 가져오고 있습니다. 이 절에서는 사회적 기업과 유비쿼터스 경영이 어떻게 상호 작용하며 미래의 경영 환경에 미치는 영향에 대해 다루고자 합니다.

제1항. 사회적 기업과 유비쿼터스 기술

가. 사회적 기업의 개념

사회적 기업은 기업의 이윤 추구뿐만 아니라 사회적 문제 해결에 초점을 둔 비즈니스 모델을 가지고 있습니다. 이러한 기업들은 환경 보호, 사회적 불평등, 빈곤, 교육, 노동 조건 개선, 고용 문제, 지역 균형 발전 등 다양한 사회적 이슈에 관심을 가지며 이를 해결하기 위해 사업을 추진합니다. 사회적 기업의 목표는 이윤 추구뿐만 아니라 지속 가능한 사회적 가치 창출에 초점을 맞추고 있습니다.

나. 유비쿼터스 기술의 역할

유비쿼터스 기술은 사물인터넷(IoT), 인공 지능(AI), 빅데이터 등을 포함한 첨단 정보통신 기술을 의미합니다. 이러한 기술의 발전으로 기업은 더욱 민첩하고 효율적인 운영이 가능해지며, 고객과의 상호 작용이 증대됩니다. 또한, 유비쿼터스 기술은 새로운 비즈니스 모델과 서비스를 창출할 수 있는 기회를 제공합니다.

유비쿼터스 경영은 기술과 정보에 기반한 혁신을 통해 기업의 운영을 효율적으로 개선하는 경영 방식을 의미합니다.

제2항. 사회적 기업과 유비쿼터스 경영의 결합

사회적 기업과 유비쿼터스 경영을 결합함으로써 기업은 사회적 문제 해결과 경영 효율성을 동시에 달성할 수 있습니다. 예를 들어, 사회적 기업은 유비쿼터스 기술을 활용하여 효율적인 자원 관리, 물류 최적화, 고객 관계 관리를 강화할 수 있습니다. 또한, 데이터 분석을 통해 사회적 기업의 성과를 측정하고 개선할 수 있습니다. 사회적 기업과 유비쿼터스 경영은 상호 보완적인 개념으로서, 다음과 같은 이점이 있습니다.

첫째, 투명한 가치 공유입니다. 사회적 기업은 자체적으로 사회적 가치를 중시하며 이를 투명하게 보여 주려는 노력을 기울입니다. 유비쿼터스 기술을 통해 생산 과정이나 제품의 원산지 등에 대한 정보를 실시간으로 제공함으로써 가치 공유를 강화할 수 있습니다.

둘째, 맞춤형 서비스 제공입니다. 유비쿼터스 기술은 개인의 선호와 행동 패턴을 분석하여 맞춤형 제품 및 서비스를 제공하는 데 활용됩니다. 이를 통해 사회적 기업은 보다 효과적으로 사회 문제에 대응하면서도 개별 고객의 만족도를 높일 수 있습니다.

셋째, 효율적인 리소스 관리입니다. 유비쿼터스 기술을 활용하면 에너지, 재료 등의 리소스를 더욱 효율적으로 관리할 수 있습니다. 이는 사회적 기업의 지속 가능한 경영에 긍정적인 영향을 미칠 수 있습니다.

제3항. 성공 사례

사례 1. Good On You(https://goodonyou.eco/)

이 앱은 유비쿼터스 기술을 활용하여 의류 브랜드의 사회적 및 환경적 영향을 검토하고 소비자에게 정보를 제공합니다. 이로써 소비자는 자신의 구매 결정을 사회적 가치에 기반하여 내릴 수 있습니다.

사례 2. Kiva(https://www.kiva.org/)

Kiva는 사회적 기업 모델을 채택한 마이크로파이낸싱 플랫폼으로, 유비쿼터스 기술을 활용하여 전 세계의 소액 대출을 관리하고 지원합니다.

사례 3. TOMS(https://www.toms.com/)

TOMS는 판매한 각 신발에 대해 필요한 지원을 기부하는 사회적 기업으로서 디지털 마케팅 및 데이터 분석을 활용하여 고객과 연결하고 사회적 영향을 최대화하고 있습니다.

사회적 기업은 사회적 문제 해결을 통해 지속 가능한 경제 성과를 추구하고, 유비쿼터스 경영은 기술과 데이터를 활용하여 경영 효율성을 개선합니다. 이 두 가지를 결합함으로써 기업은 경제적, 사회적, 환경적 가치를 창출할 수 있으며 더욱 지속 가능한 비즈니스 모델을 구축할 수 있을 것입니다. 이러한 접근 방식을 통해 기업은 이윤 창출과 사회적 가치 창출을 균형 있게 추구할 수 있으며, 혁신적인 기술을 통해 지속 가능한 사회적 영향을 창출할 수 있습니다. 미래에는 유비쿼터스 기술의 발전을 통해 더욱 다양한 사회 문제를 해결하고, 보다 지속 가능한 경영을 실현하는 사회적 기업들이 더욱 많이 나타날 것으로 전망됩니다.

제2장 유비쿼터스 성공 구현 전략

제1절. 개인화와 맞춤형 서비스 제공

유비쿼터스 환경에서 성공적인 구현을 위해서는 개인화와 맞춤형 서비스 제공이 핵심 전략 중 하나입니다. 이 절에서는 유비쿼터스 환경에서의 개인화와 맞춤형 서비스 제공 전략을 탐구하고, 그 중요성과 구체적인 구현 방안을 설명하겠습니다.

제1항. 개인화와 맞춤형 서비스의 중요성

첫째, 고객 만족도 향상입니다. 유비쿼터스 환경에서 개인화와 맞춤형 서비스를 제공하면 고객은 자신의 최상의 만족으로 받아들이는 경험을 할 수 있습니다. 이는 고객 만족도를 향상시키고, 서비스 제공자에 대한 충성도를 높입니다.

둘째, 경쟁 우위 확보입니다. 개인화와 맞춤형 서비스는 경쟁에서 우위를 점하는 중요한 수단입니다. 경쟁사와의 차별화를 통해 시장에서 더 큰 점유율을 확보할 수 있습니다.

셋째, 데이터 기반 의사 결정입니다. 개인화와 맞춤형 서비스를 제공함으로써 수집되는 데이터는 중요한 자산이 됩니다. 이 데이터를 기반으로 한 의사 결정은 미래 전략 수립에 도움이 됩니다.

제2항. 유비쿼터스 개인화와 맞춤형 서비스 제공 전략

첫째, 데이터 수집과 분석입니다. 개인화와 맞춤형 서비스를 구현하기 위해서는 고객 데이터를 수집하고 분석해야 합니다. 이를 위해 데이터 마이닝, 빅데이터 분석, 인공 지능 기술 등을 활용할 수 있습니다.

둘째, 개인화 알고리즘 적용입니다. 수집한 데이터를 기반으로 고객에게 개인화된 경험을 제공하기 위해 머신 러닝과 딥 러닝 알고리즘을 사용합니다. 이를 통해 고객의 선호도, 행동 패턴을 이해하고 맞춤형 추천 및 서비스를 제공할 수 있습니다.

셋째, 다채로운 접근 경로 제공입니다. 고객은 다양한 디바이스와 플랫폼을 통해 서비스를 이용합니다. 개인화된 서비스를 모든 접근 경로에서 제공하는 것이 중요하며, 모바일 앱, 웹사이트, 스마트 기기 등을 모두 고려해야 합니다. 따라서 멀티 채널 전략을 통해 어떤 디바이스나 채널에서든 일관된 개인화된 경험을 제공해야 합니다.

넷째, 고객 참여와 피드백 수집입니다. 고객의 참여는 개인화와 맞춤형 서비스를 개선하는 데 중요합니다. 피드백을 수집하고 이를 분석하여 서비스를 개선하는 프로세스를 구축해야 합니다.

다섯째, 보안과 개인 정보 관리입니다. 개인화된 서비스 제공은 사용자의 민감한 개인 정보를 다루기 때문에 보안과 개인 정보 관리에 철저한 주의가 필요합니다. EU의 일반 데이터 보호 규정(General Data Protection Regulation, EU GDPR)과 같은 규정을 준수하며 사용자의 개인 정보를 안전하게 보호해야 합니다.

제3항. 개인화와 맞춤형 서비스 성공 사례

사례 1. Amazon

Amazon은 개인화와 맞춤형 추천 알고리즘을 통해 고객에게 제품을 추천하고, 고객의 이전 구매 이력을 기반으로 다양한 제품을 제공합니다.

사례 2. Netflix

Netflix는 사용자의 시청 이력과 평가를 분석하여 맞춤형 영화 및 TV 프로그램을 추천하여 고객 만족도를 높입니다.

제2절. 연결성과 유연성 확대

유비쿼터스 기술은 우리의 일상생활, 비즈니스, 그리고 사회적 활동을 혁신하고 향상시키는 데 핵심적인 역할을 합니다. 이러한 성공적인 유비쿼터스 구현의 핵심 요소 중 두 가지는 연결성과 유연성입니다. 이 절에서는 유비쿼터스 기술 구현의 성공을 위해 연결성과 유연성이 왜 중요한지에 대해 논의하겠습니다.

제1항. 연결성의 중요성

첫째, 기업 환경에서의 연결성입니다. 기업은 급변하는 시장에서 경쟁력을 유지하려면 고객, 파트너, 공급망과의 강력한 연결성이 필수적입니다. 다양한 디바이스와 플랫폼 간에 실시간 데이터 및 정보 공유가 가능해야 합니다. 이를 통해 고객 요구 사항에 더 신속하게 대응하고, 의사 결정을 지원할 수 있습니다.

둘째, 공공 서비스와 연결성입니다. 정부 및 공공 기관은 시민들에게 빠르고 효과적인 서비스 제공을 위해 연결성을 최적화해야 합니다. 전자정부 시스템은 시민과의 상호 작용을 향상시키고 정부 프로세스를 효율화하며, 재난 관리와 같은 비상 상황에서 중요한 역할을 합니다.

셋째, 개인 생활에서의 연결성입니다. 개인들은 스마트폰, 스마트 홈 장치, 차량과의 연결성을 통해 일상생활을 더 편리하게 만들 수 있습니다.

음성 인식 시스템, 스마트 시티 프로젝트 및 건강 모니터링 장치는 개인의 편의성을 높이고 생활 품질을 향상시킵니다.

넷째, 기기 간 연결성입니다. 유비쿼터스 환경에서 기기 간 연결성은 핵심 요소 중 하나입니다. 모든 디바이스가 서로 연결되어 있을 때, 데이터 및 정보 공유가 가능해지며 효율성과 생산성이 향상됩니다. 이로써 기업은 실시간 데이터에 접근하여 의사 결정을 빠르게 내릴 수 있으며, 개인은 일상생활에서 편리한 서비스를 누릴 수 있습니다.

제2항. 유연성의 중요성

첫째, 기술 변화 대응입니다. 기술은 빠르게 진화하고 변화합니다. 유비쿼터스 환경에서는 새로운 기술을 효과적으로 통합하고 적용하기 위한 유연성이 필요합니다. 유연한 시스템 구조를 갖춘 기업은 새로운 기술 도입과 기존 시스템의 업그레이드를 원활하게 수행할 수 있습니다.

둘째, 시장 변화 대응입니다. 시장은 빠르게 변동하며 소비자 요구도 변화합니다. 다양한 사용자 요구 사항을 충족하기 위해 시스템과 서비스는 유연성을 가져야 합니다. 사용자 경험을 최적화하고 다양한 디바이스와 플랫폼에서 일관된 서비스를 제공해야 합니다.

셋째, 다양한 디바이스 및 환경 지원입니다. 유비쿼터스 시스템은 다양한 디바이스 및 환경에서 작동해야 합니다. 이것은 모바일 기기, 센서, 클라우드 시스템 등의 다양한 환경과 통합되어야 함을 의미합니다. 따라서 유연성은 유비쿼터스 기술의 성공에 필수적입니다.

넷째, 보안과 개인 정보 보호입니다. 유비쿼터스 환경에서는 데이터 보안과 개인 정보 보호가 중요한 이슈입니다. 유연한 보안 시스템을 구축하여 데이터 유출 및 해킹으로부터의 보호를 보장해야 합니다.

제3항. 연결성과 유연성 확대 전략

첫째, 연결성 강화입니다. 모든 기업, 기관 및 개인은 연결성을 향상시키는 노력을 기울여야 합니다. 빠른 데이터 전송, 안정적인 네트워크 인프라, IoT 장치 지원 등이 이에 포함됩니다.

둘째, 유연성 확보입니다. 기술 업그레이드 및 변경에 대비하여 유연한 아키텍처 및 소프트웨어 개발 방법을 채택해야 합니다.

셋째, 보안 강화입니다. 데이터 보안 및 개인 정보 보호를 우선 고려해야 하며, 최신 보안 기술을 적용하여 보안 위험을 최소화해야 합니다.

넷째, 사용자 중심 접근입니다. 사용자의 요구 사항을 이해하고 사용자 경험을 개선하기 위해 연구 및 피드백 수집을 진행해야 합니다.

다섯째, 협력과 파트너십 강화입니다. 다양한 이해관계자와의 협력을 강화하여 유비쿼터스 성공을 위한 플랫폼 및 생태계를 구축해야 합니다.

제3절. 소셜 미디어와 고객 참여

소셜 미디어의 등장으로 인해 기업은 이제 고객들과 더 가깝게 소통하고 협력할 수 있는 환경을 마련할 수 있게 되었습니다. 이 절에서는 소셜 미디어와 고객 참여를 중심으로 한 유비쿼터스 성공 구현 전략에 대해 논의하고 있습니다.

제1항. 소셜 미디어란?

소셜 미디어는 개인과 기업 간의 소통과 정보 공유를 원활하게 도와주는 강력한 소통 도구로 자리매김하였습니다. 기업들은 소셜 미디어 플랫폼을 통해 브랜드 인식을 확장하고 고객과의 관계를 강화할 수 있는 기회를 발견하고 있습니다. 소셜 미디어는 실시간 소통을 가능하게 하며, 기업은 고객들의 의견과 요구에 빠르게 대응하여 제품과 서비스를 개선할 수 있습니다.

제2항. 소셜 미디어의 역할

첫째, 고객과의 연결입니다. 소셜 미디어는 기업과 고객 간의 실시간 소통을 가능하게 합니다. 기업은 제품 정보, 업데이트, 행사 정보 등을 빠르게 전달하고 고객의 피드백을 실시간으로 수집할 수 있습니다. 이를 통해 고객과의 긴밀한 관계를 구축하고 맞춤형 서비스를 제공할 수 있습니다.

둘째, 브랜드 홍보와 인지도 증대입니다. 소셜 미디어는 브랜드를 홍보하고 인지도를 증대시키는 데 강력한 도구입니다. 많은 사람들이 소셜 미디어를 사용하기 때문에 기업은 이 플랫폼을 활용하여 브랜드 스토리를 전달하고 고객들과 상호 작용할 수 있습니다.

셋째, 경쟁력 강화입니다. 소셜 미디어를 적극적으로 활용하는 기업은 경쟁력을 강화할 수 있습니다. 경쟁사와의 비교를 통해 얻은 피드백을 바탕으로 제품 및 서비스를 개선하고 새로운 아이디어를 얻을 수 있습니다.

넷째, 맞춤형 마케팅입니다. 소셜 미디어 데이터를 분석하여 고객의 관심사를 파악하고 맞춤형 마케팅 전략을 구현할 수 있습니다.

제3항. 고객 참여의 개념

고객 참여란 기업과 고객 간의 상호 작용 및 협력을 의미합니다. 이는 제품 및 서비스 개발, 품질 향상, 마케팅 전략 수립에 영향을 미칩니다. 고객 참여의 이점은 다음과 같습니다.

첫째, 고객 의견 수렴입니다. 고객 참여는 제품 및 서비스 개선을 위한 중요한 정보원입니다. 소셜 미디어를 통해 고객의 의견과 제안을 수렴하면 기업은 더 나은 제품과 서비스를 개발할 수 있습니다.

둘째, 브랜드 로열티 증대입니다. 고객 참여는 브랜드 로열티를 증대시키는 데 기여합니다. 고객들이 기업의 제품과 서비스 개발에 참여하면 자신을 중요하게 느끼고 브랜드에 대한 충성감이 증가합니다.

셋째, 혁신과 경쟁 우위 확보입니다. 고객 참여는 기업의 혁신 능력을 향상시키고 경쟁 우위를 확보하는 데 도움을 줍니다. 고객은 새로운 아이디어와 제안을 통해 기업이 미래에 어떻게 발전해야 하는지에 대한 힌트를 제공합니다.

제4항. 소셜 미디어와 고객 참여를 통한 성공 전략

첫째, 다채로운 소셜 미디어 채널 활용입니다. 기업은 여러 다양한 소셜 미디어 플랫폼을 활용하여 고객들과 상호 작용할 수 있습니다. 특정 플랫폼의 특성에 맞게 콘텐츠를 제공하고 고객들의 피드백을 수집하여 개선해야 합니다.

둘째, 콘텐츠 공유와 협력입니다. 기업은 유용하고 흥미로운 콘텐츠를 제공하여 고객들과 지식을 공유하고 상호 작용을 유도해야 합니다. 또한 고객들과의 협력을 통해 제품 개발이나 서비스 개선에 참여할 수 있는 기회를 마련해야 합니다.

셋째, 개인화된 커뮤니케이션입니다. 기업은 고객의 선호도와 행동을 분석하여 맞춤형 정보와 제안을 제공해야 합니다. 개인화된 커뮤니케이션은 고객과의 연결을 더 강화시키며, 그들이 더 긍정적인 경험을 느낄 수 있도록 돕습니다.

넷째, 실시간 응답 및 해결입니다. 소셜 미디어를 통한 고객의 의견이나 문의 사항에 신속하게 응답하고 문제를 해결하는 것은 신뢰와 만족도를 증진시키는 중요한 요소입니다.

다섯째, 고객 참여 유도입니다. 고객을 활발하게 참여하도록 유도하는 전략을 개발해야 합니다. 투표, 설문 조사, 고객 의견 수렴을 통해 참여를 촉진할 수 있습니다.

여섯째, 피드백과 데이터 분석입니다. 고객의 피드백을 체계적으로 수집하고 분석해야 합니다. 이를 통해 제품과 서비스를 개선하고 고객 요구에 더욱 부응할 수 있습니다.

제4절. 사용자 중심 디자인

유비쿼터스 사회에서 기업과 기관들은 유비쿼터스 기술을 성공적으로 구현하고 사용자들에게 최적의 경험을 제공하기 위해 사용자 중심 디자인 원칙을 적용하는 전략을 채택하고 있습니다. 이 절에서는 유비쿼터스 성공을 위한 전략 중 하나로서 사용자 중심 디자인의 개념, 중요성 및 구현 전략에 대해 논의하겠습니다.

제1항. 사용자 중심 디자인의 개념

사용자 중심 디자인(User-Centered Design, UCD)은 제품이나 서비스를 개발할 때 사용자의 요구 사항과 편의성을 최우선으로 고려하는 디자인 방법론입니다. 사용자 중심 디자인은 사용자의 니즈를 이해하고 이에 기반하여 제품이나 서비스를 설계함으로써 사용자 만족도와 편의성을 극대화하는 것을 목표로 합니다.

제2항. 사용자 중심 디자인의 중요성

첫째, 다양한 디바이스 및 플랫폼 고려입니다. 유비쿼터스 환경에서는 다양한 디바이스와 플랫폼에서 접근 가능해야 합니다. 사용자 중심 디자인은 모든 이용 가능한 디바이스와 플랫폼에서 일관된 경험을 제공함으로써 사용자들에게 편의성을 제공합니다.

둘째, 사용자 요구 사항 이해입니다. 사용자 중심 디자인은 사용자의 요구 사항을 깊이 이해하는 것을 강조합니다. 이는 사용자의 니즈와 기대치를 파악하고 그에 따라 솔루션을 개발함으로써 만족스러운 경험을 제공하는 데 도움이 됩니다.

셋째, 에러와 복구에 대한 고려입니다. 유비쿼터스 환경에서는 연결 끊김, 하드웨어 오류 등과 같은 문제가 발생할 수 있습니다. 사용자 중심 디자인은 이러한 문제에 대한 적절한 대응 방안을 고려하여 사용자가 문제를 스스로 해결할 수 있도록 지원합니다.

제3항. 사용자 중심 디자인 구현 전략

첫째, 사용자 조사 및 분석입니다. 사용자 중심 디자인의 핵심은 사용자를 이해하는 것입니다. 설문 조사, 인터뷰, 관찰 등 다양한 방법으로 사용자 조사 및 분석을 통해 사용자의 요구 사항, 선호도, 행동 패턴을 파악하고 이를 기반으로 디자인 결정을 내릴 수 있습니다.

둘째, 반복적인 디자인 및 테스트입니다. 디자인 프로세스를 반복하고 사용자 피드백을 수렴하는 것이 중요합니다. 초기 디자인을 만들고 테스트하며 점진적으로 개선하는 과정을 거쳐 최적의 사용자 경험을 창출합니다.

셋째, 다양한 플랫폼 및 호환성 고려입니다. 유비쿼터스 환경에서는 다양한 플랫폼 및 디바이스에서 동작할 수 있어야 합니다. 따라서 크로스 플랫폼 호환성을 고려하는 것이 중요합니다.

넷째, 지속적인 개선입니다. 사용자 요구와 기술의 변화에 맞춰 제품이나 서비스를 지속적으로 개선하는 것이 중요합니다. 사용자 피드백을 체계적으로 수집하고 반영하여 지속적으로 사용자 경험을 향상시킵니다.

제5절. 데이터 기반 의사 결정

유비쿼터스 환경에서 성공적인 구현을 위해서는 데이터 중심 사고(Data-Centric Thinking)가 필수적입니다. 이 절에서는 유비쿼터스 환경에서의 성공을 이루기 위한 전략 중 데이터 중심 사고의 중요성과 구체적인 방법에 대해 논의하겠습니다.

제1항. 데이터 중심 사고 개요

가. 데이터의 중요성

유비쿼터스 환경에서는 많은 기기와 센서들이 데이터를 생성하고 수집합니다. 이 데이터는 기업과 개인의 의사 결정을 지원하며, 비즈니스 프로세스의 최적화와 혁신을 가능하게 합니다. 데이터는 실시간으로 흘러들어오며, 이를 올바르게 수집하고 분석하는 능력이 기업의 경쟁력을 크게 좌우합니다.

나. 데이터 수집 및 저장

데이터 중심 사고를 구현하기 위해서는 적절한 데이터 수집 및 저장 인프라가 필요합니다. 이를 위해서는 다양한 데이터 소스와 기기들 간의 통합을 고려해야 합니다. 센서, 웨어러블 기기, 사물인터넷(IoT) 장치 등에서 생성되는 데이터를 실시간으로 수집하고 저장하면서 데이터의 무결성과 보안을 유지하는 것이 중요합니다.

다. 데이터 분석과 인사이트 도출

수집한 데이터를 분석하여 의미 있는 인사이트를 도출하는 것이 데이터 중심 사고의 핵심입니다. 빅데이터 분석, 기계 학습, 인공 지능 기술을 활용하여 패턴과 추세를 발견하고 예측력을 높일 수 있습니다. 이를 통해 고객의 행동을 예측하거나 프로세스를 최적화하여 효율성을 극대화할 수 있습니다.

제2항. 데이터 중심 사고의 중요성

첫째, 정확한 의사 결정입니다. 데이터 중심 사고를 채택한 기업은 데이터에 근거하여 더욱 정확한 의사 결정을 할 수 있습니다. 이는 잘못된 추측과 결정으로 인한 리스크를 줄이는 데 도움이 됩니다.

둘째, 개인화와 고객 경험 향상입니다. 고객 데이터를 중심으로 사고하는 기업은 고객의 요구에 따라 맞춤형 서비스를 제공하고 고객 경험을 향상시킬 수 있습니다.

셋째, 비용 절감과 효율성 향상입니다. 데이터 중심 사고를 통해 프로세스와 운영을 최적화함으로써 비용을 절감하고 효율성을 향상시킬 수 있습니다.

넷째, 경쟁 우위 확보입니다. 데이터를 효과적으로 활용하는 기업은 경쟁 상대에 비해 더 나은 제품과 서비스를 빠르게 개발하고 시장에 출시할 수 있습니다.

제3항. 데이터 중심 사고의 구현 전략

첫째, 데이터 수집 및 저장 인프라 강화입니다. 성공적인 데이터 중심 사고를 구현하기 위해서는 데이터를 수집하고 저장하는 인프라를 강화해야 합니다. 이를 위해 다음 단계를 고려해야 합니다.

- 데이터 웨어하우스(Data Warehouse)나 데이터 레이크(Data Lake) 등의 데이터 저장소 구축
- 데이터 품질 관리를 위한 프로세스 개발
- 실시간 데이터 수집 및 처리 능력 확보

둘째, 데이터 분석 및 시각화 도구 도입입니다. 데이터 중심 사고를 구현하기 위해 데이터 분석 및 시각화 도구를 도입해야 합니다. 이를 통해 데이터를 시각적으로 탐색하고 인사이트를 발견할 수 있습니다. 예를 들어, Tableau, Power BI, 또는 Python과 R을 사용한 데이터 분석 도구를 활용할 수 있습니다.

셋째, 데이터 문화 조성입니다. 데이터 중심 사고를 효과적으로 구현하려면 조직 내에서 데이터 문화를 조성해야 합니다. 이를 위해 다음 단계를

고려해야 합니다.

- 데이터 교육 및 훈련 프로그램 개발
- 데이터 기반 의사 결정을 장려하는 인센티브 및 보상 시스템 도입
- 데이터 관련 업무를 전담하는 팀 구성

넷째, 보안 및 개인 정보 보호 고려입니다. 데이터 중심 사고를 구현하면서 데이터 보안과 개인 정보 보호에 대한 엄격한 정책과 절차를 마련해야 합니다. EU의 일반 데이터 보호 규정(EU GDPR) 및 기타 관련 규정을 준수하고 고객 데이터를 안전하게 보호해야 합니다.

제6절. 실시간 데이터 모니터링과 분석

유비쿼터스 성공의 핵심은 실시간 데이터 모니터링과 분석을 통한 효과적인 의사 결정 능력에 달려 있습니다. 이 보고서는 유비쿼터스 환경에서의 성공을 위한 전략에 대해 논의하고자 합니다.

제1항. 실시간 데이터 모니터링의 중요성

첫째, 실시간 의사 결정입니다. 유비쿼터스 환경에서는 의사 결정을 빠르게 내려야 합니다. 예를 들어, 제품 생산 라인에서 발생하는 이상 징후를 신속하게 감지하고 조치를 취하지 않으면 생산 중단과 같은 비용이 큰 문제가 발생할 수 있습니다. 실시간 데이터 모니터링은 이러한 상황에서 의사 결정을 지원하고 조직이 민첩하게 대응할 수 있도록 합니다.

둘째, 정확한 정보입니다. 실시간 데이터 모니터링은 정확한 정보를 제공합니다. 과거의 정적 데이터보다 현재 상황을 반영하기 때문에 의사 결정의 정확도가 향상됩니다. 예를 들어, 판매 트렌드를 실시간으로 모니터링하면 제품 재고를 최적화하고 수요를 예측하는 데 도움이 됩니다.

제2항. 데이터 분석과 유용한 통찰력

첫째, 데이터 분석의 역할입니다. 데이터 분석은 수집된 정보를 해석하고 가치 있는 통찰력을 제공합니다. 이를 통해 조직은 경쟁 우위를 확보하고 비즈니스 전략을 개선할 수 있습니다. 예를 들어, 고객의 행동 패턴을 분석하면 제품 라인 개선 또는 타겟 마케팅 전략 변경 등의 의사 결정을 내릴 수 있습니다.

둘째, 머신 러닝과 예측 분석입니다. 머신 러닝과 예측 분석은 데이터 분석의 중요한 부분입니다. 이 기술을 활용하면 과거 데이터를 기반으로 미래 예측을 할 수 있으며, 예측 결과를 토대로 의사 결정을 내릴 수 있습니다. 예를 들어, 주식 시장에서는 머신 러닝 모델을 사용하여 주가 예측을 수행하고 투자 전략을 개선할 수 있습니다.

제3항. 성공적인 구현을 위한 전략

첫째, 실시간 데이터 수집과 모니터링입니다. 유비쿼터스 환경에서 성공을 이루기 위해서는 실시간 데이터 수집과 모니터링 시스템의 구축이 필수적입니다. 센서 기술의 발전과 IoT 장치의 보급으로부터 얻은 데이터는 실시간으로 수집되고 모니터링되어야 합니다. 이를 통해 현재 상황을 정확히 파악하고 문제점을 빠르게 발견할 수 있습니다. 예를 들어, 제조업 분야에서는 생산 라인의 센서 데이터를 실시간으로 모니터링하여 고장 예측과 예방을 할 수 있습니다.

둘째, 데이터 분석과 인사이트 도출입니다. 수집된 데이터를 분석하여 유용한 인사이트를 도출하는 과정이 성공적인 유비쿼터스 전략의 핵심입니다. 빅데이터 분석 기술을 활용하여 대량의 데이터로부터 트렌드와 패턴을 발견하고 예측할 수 있습니다. 이를 통해 시장 동향을 파악하거나 소비자 행동을 예측하여 비즈니스 전략을 조율할 수 있습니다.

셋째, 의사 결정 지원입니다. 분석된 데이터를 기반으로 한 의사 결정은 유비쿼터스 성공의 핵심 단계입니다. 데이터를 실시간으로 모니터링하고 분석하여 문제점을 신속하게 파악하면, 조직 내에서 신속하고 정확한 의사 결정이 가능해집니다. 예를 들어, 금융 분야에서는 실시간 거래 데이터와 뉴스 기사를 분석하여 투자 전략을 최적화할 수 있습니다.

제7절. 프로세스 자동화와 로봇 기술 활용

유비쿼터스 환경에서 성공적으로 구현하기 위해서는 프로세스 자동화와 로봇 기술을 효과적으로 활용하는 전략이 필요합니다. 이 절에서는 유비쿼터스 성공을 위한 프로세스 자동화와 로봇 기술의 역할에 대해 논의하겠습니다.

제1항. 프로세스 자동화

가. 프로세스 자동화의 중요성

프로세스 자동화는 기업 및 조직 내부의 작업 흐름을 자동화하여 효율성을 높이고 인간의 개입을 최소화하는 방법입니다. 이를 통해 업무의 일관성과 정확성을 향상시키며 시간과 비용을 절감할 수 있습니다. 유비쿼터스 환경에서 프로세스 자동화는 실시간으로 정보를 수집하고 분석하여 의사 결정에 활용할 수 있는 기반을 제공합니다.

나. 프로세스 자동화의 이점

프로세스 자동화는 기업 내부 프로세스를 효율적으로 관리하고 최적화하는 핵심 요소입니다. 이를 통해 다음과 같은 이점을 얻을 수 있습니다.

첫째, 생산성 향상입니다. 반복적이고 규칙적인 작업은 자동화될 수 있으며, 이로 인해 인력 자원을 더 전략적인 과제에 할당할 수 있습니다.

둘째, 오류 감소입니다. 인간 실수를 최소화하고 프로세스의 일관성을 유지함으로써 품질을 향상시킵니다.

셋째, 시간 절약입니다. 작업의 자동화는 작업을 빠르게 처리하고 실시간 의사 결정을 가능하게 합니다.

제2항. 로봇 기술의 역할

가. 로봇 기술 활용의 중요성

로봇 기술은 유비쿼터스 환경에서 물리적인 작업을 대신하거나 보조하여 업무 효율성을 높이는 역할을 수행합니다. 제조업부터 서비스 업무까지 다양한 분야에서 로봇 기술을 활용하여 생산성과 품질을 향상시킬 수 있습니다. 또한 로봇은 위험한 환경에서 인간의 안전을 보장하거나 의료 분야에서 정밀한 수술을 수행하는 등의 영역에서도 사용될 수 있습니다.

나. 로봇 기술의 활용의 이점

로봇 기술은 실제 세계에서 작업을 수행하는 데 큰 장점을 제공합니다. 다양한 산업에서 로봇을 활용하여 다음과 같은 결과를 얻을 수 있습니다.

첫째, 생산성 향상입니다. 로봇은 연속적인 작업을 효율적으로 수행하고, 작업 시간을 단축시키며 생산성을 높입니다.

둘째, 위험 감소입니다. 위험한 환경에서 작업하는 대신 로봇을 활용하여 작업자의 안전을 보장할 수 있습니다.

셋째, 정확성과 일관성입니다. 로봇은 정확한 위치와 속도로 작업을 수행하므로 제품 품질을 향상시키고 일관성을 유지합니다.

제3항. 성공적인 구현을 위한 전략

첫째, 비즈니스 프로세스 분석입니다. 먼저, 현재 비즈니스 프로세스를 세밀하게 분석하여 자동화 및 로봇 기술을 적용할 수 있는 영역을 식별해야 합니다.

둘째, 자동화된 프로세스 설계와 최적화입니다. 기업 내부의 업무 프로세스를 자동화하고 최적화하여 업무 효율성을 높이는 것이 필요합니다. 업무의 자동화는 인간의 실수 가능성을 줄이고 일관성 있는 결과물을 얻을 수 있도록 도와줍니다.

셋째, 기술 선택 및 인프라 구축입니다. 자동화와 로봇 기술을 구현하기 위해 적절한 기술 및 도구를 선택해야 합니다. 이때 비용, 기술적 적합성, 보안 등을 고려해야 합니다. 또한, 충분한 네트워크 대역폭과 클라우드 컴퓨팅 자원을 확보하여 데이터 및 서비스의 신속한 전달을 보장해야 합니다.

넷째, 로봇 기술의 도입입니다. 로봇 기술을 해당 분야의 업무에 적용하여 생산성과 품질을 향상시킬 수 있습니다. 로봇은 반복적이고 위험한 작업을 수행함으로써 인간의 안전을 보장하고 더 가치 있는 업무에 집중할 수 있도록 도와줍니다.

다섯째, 인력 확보 및 교육 훈련입니다. 구현에 필요한 전문가를 확보하고 직원 교육을 실시하여 기술을 활용할 수 있는 능력을 향상시켜야 합니다.

여섯째, 단계적 시행과 지속적인 평가와 개선입니다. 구현을 단계적으로 진행하며 초기 구현 후에도 지속적인 모니터링과 개선을 통해 성과를 높여야 합니다. 또한, 구현 후에도 지속적인 모니터링과 개선을 통해 시스템을 최적화하고 발전시켜야 합니다.

제8절. 인적 자원과 역량 강화

유비쿼터스 환경에서 기업은 유비쿼터스 성공을 구현하기 위해 인적 자원과 역량을 강화해야 합니다. 이 절에서는 유비쿼터스 성공 구현을 위한 인적 자원과 역량의 강화 방안에 대해 논의하겠습니다.

제1항. 인적 자원의 역할

첫째, 기술 역량 강화입니다. 기술 역량은 유비쿼터스 환경을 구축하고 관리하는 데 필수적입니다. 직원들의 기술 역량을 강화하기 위해 다음과 같은 조치를 취할 필요가 있습니다.

- 교육 및 훈련 프로그램 제공: 최신 기술 및 도구에 대한 교육과 지속적인 훈련을 제공하여 직원들의 역량을 향상시킵니다.
- 외부 전문가 활용: 외부 전문가나 컨설턴트를 고용하여 기술 전문성을 강화하고, 최신 동향을 파악하는 데 도움을 받습니다.

둘째, 문제 해결 능력 강화입니다. 유비쿼터스 환경에서는 다양한 문제에 신속하게 대응해야 합니다. 이를 위해 직원들의 문제 해결 능력을 강화하는 방안으로는 다음과 같은 것들이 있습니다.

- 시나리오 기반 훈련: 다양한 시나리오를 활용한 훈련을 통해 비상 상황에서도 효과적으로 대처할 수 있는 능력을 키웁니다.

- 팀 협력 강화: 팀 협력 능력을 개선하여 복잡한 문제를 함께 해결할 수 있는 능력을 강화합니다.

셋째, 커뮤니케이션 및 협업 능력 강화입니다. 유비쿼터스 환경에서는 분산된 팀과의 협업이 중요합니다. 따라서 커뮤니케이션 및 협업 능력을 강화하는 방안으로는 다음과 같은 것들이 있습니다.

- 디지털 협업 도구 도입: 협업 도구를 활용하여 팀 간의 원활한 의사소통과 협업을 지원합니다.
- 리더십 개발 프로그램: 리더십 역량을 키우고 팀을 효과적으로 이끌 수 있는 능력을 개발합니다.

제2항. 인적 자원의 역량 강화의 중요성

첫째, 인재 채용과 개발입니다. 유비쿼터스 환경에서의 성공을 위해서는 기술적 역량과 창의력을 갖춘 인재를 채용하고 그들의 능력을 개발해야 합니다. 또한, 전문적인 교육 및 훈련을 통해 직원들의 기술 역량을 지속적으로 향상시켜야 합니다.

둘째, 조직 문화와 혁신 활성화입니다. 열린 조직 문화를 구축하여 직원들이 자유로운 아이디어 공유와 혁신적인 사고를 할 수 있도록 지원해야 합니다. 또한, 실패를 허용하고 그로부터 배우는 문화를 정착시켜 새로운 아이디어를 시도하고 개선할 수 있는 환경을 조성해야 합니다.

셋째, 리더십과 경영진 역량 강화입니다. 리더들은 유비쿼터스 환경의 변화에 민첩하게 대응할 수 있는 역량을 갖추어야 합니다. 또한, 변화 관리와 혁신을 주도하는 능력을 키워 조직 전체의 방향성을 제시해야 합니다.

제3항. 인적 자원의 역량 강화 전략

첫째, 교육 및 훈련입니다. 직원들에게 필요한 디지털 역량 및 보안 교육을 제공합니다.

둘째, 역량 평가입니다. 직원의 현재 역량을 평가하고 부족한 부분을 파악하여 맞춤형 교육을 제공합니다.

셋째, 리더십 역량 강화입니다. 리더들은 유비쿼터스 환경에서의 리더십 역량을 강화해야 합니다.

넷째, 조직 문화 변화입니다. 유비쿼터스 환경을 수용할 수 있는 조직 문화를 조성해야 합니다.

제2부

유비쿼터스 부(富)
(Ubiquitous Wealth)

유비쿼터스 시대의 부(富)

제1절. 유비쿼터스 시대의 부(富)의 가치와 의미

유비쿼터스 시대, 즉 어디서나 접속하고 어떤 기기를 사용하든 인터넷에 접속할 수 있는 시대, 우리의 경제와 삶의 방식을 변화시켰습니다. 이러한 변화는 부의 창출에도 새로운 가능성을 제공하고 있으며, 부의 개념과 가치 또한 새롭게 재조명되고 있습니다. 이 절에서는 유비쿼터스 시대의 부의 가치와 의미에 대해 살펴보겠습니다.

제1항. 유비쿼터스 시대의 부의 개념과 가치

유비쿼터스 시대에서의 부는 물질적인 풍족함뿐만 아니라 정보와 기술의 활용을 통해 생활의 질을 향상시키는 개념으로 재정립되고 있습니다. 부는 더 이상 단순한 재화와 서비스의 축적에만 국한되지 않으며, 정보와 지식을 통한 창조적인 가치 창출이 주목받고 있습니다.

첫째, 경제적 가치입니다. 부는 경제적 가치를 가지고 있습니다. 부의 창출은 일자리를 생성하고 소비를 촉진하여 경제 성장에 기여합니다. 또한 부는 세금을 통해 공공 서비스를 지원하는 데 사용되어 사회적 안정을 유지하는 역할을 합니다.

둘째, 개인적 가치입니다. 부는 개인에게 풍요와 안정감을 제공할 수 있습니다. 부는 개인과 가족의 삶의 질을 향상시키고 교육, 건강, 여가 등 다양한 측면에서 개인적 풍요를 제공합니다. 부는 또한 개인의 안전과 안정을 보장하는 데 도움을 줄 수 있습니다.

셋째, 사회적 가치입니다. 부는 단순히 돈을 모으는 것 이상의 의미를 가질 수 있습니다. 개인적인 목표 달성, 가족의 복지 지원, 사회 공헌 등 다양한 의미를 부여할 수 있습니다. 부는 개인과 사회의 발전에 기여할 수 있는 수단이 될 수 있습니다.

제2항. 유비쿼터스 시대의 부의 창출 배경

첫째, 디지털 경제의 부상입니다. 인터넷과 모바일 기술의 발전으로 기업들은 새로운 시장에 진입하고, 전통적인 비즈니스 모델을 혁신하고 있습니다. 이러한 디지털 경제는 새로운 부를 창출하고, 기존 산업에서도 새로운 부의 기회를 제공하고 있습니다.

둘째, 데이터의 가치입니다. 데이터는 유비쿼터스 시대에서 부를 창출하는 핵심 자원 중 하나입니다. 기업들은 대용량 데이터를 수집, 분석하고 활용하여 고객의 행동을 예측하고 개인화된 서비스를 제공합니다. 이를 통해 고객 만족도를 높이고 수익을 증가시키는 데 기여하고 있습니다.

셋째, 기술과 스킬의 역할입니다. 유비쿼터스 시대에서 부의 창출은 기술과 스킬에 크게 의존합니다. 인공 지능, 빅데이터 분석, 클라우드 컴퓨팅과 같은 기술을 이해하고 활용하는 능력은 부를 창출하는 데 중요합니다. 또한, 창의성과 문제 해결 능력도 중요한 역할을 합니다.

넷째, 창의성과 혁신입니다. 유비쿼터스 시대에서는 빠른 기술 변화와 경쟁 환경으로 인해 창의성과 혁신이 부의 창출의 핵심 요소로 부상하고 있습니다. 새로운 아이디어와 기술의 결합을 통해 새로운 시장을 개척하거나 기존 시장에서의 차별화된 서비스 제공이 가능해지며, 이를 통해 기업은 성장과 이익을 동시에 추구할 수 있습니다.

다섯째, 기술과 경제 구조의 변화입니다. 유비쿼터스 기술의 발전은 전통적인 산업과 경제 구조에도 큰 변화를 가져왔습니다. 스마트팩토리, 인공 지능 기반의 자동화, 블록체인 등의 기술은 생산성 향상과 비용 절감을 이끌어 내며 새로운 비즈니스 모델의 출현을 촉진하고 있습니다.

여섯째, 온라인 비즈니스와 스타트업(Start-up)의 등장입니다. 유비쿼터스 시대에는 온라인 비즈니스와 스타트업이 빠르게 성장하고 있습니다. 온라인 플랫폼을 활용한 새로운 비즈니스 모델은 적은 자본으로도 부의 창출을 가능하게 하고 있으며, 이는 창업가들에게 큰 기회를 제공하고 있습니다.

유비쿼터스 시대의 부의 가치와 의미는 단순한 재화와 서비스의 축적을 넘어서, 정보와 기술의 활용, 데이터 분석, 창의성과 혁신을 통한 가치 창출로 재정립되고 있습니다. 이러한 변화는 기업들에게 새로운 기회를 제공하면서도 동시에 새로운 도전과 과제를 안겨 주고 있습니다. 따라서, 이러한 부의 가치와 의미를 최대한 활용하여 유비쿼터스 시대를 더 풍요롭고 지속 가능한 시대로 발전시키는 것이 중요합니다.

제2절. 유비쿼터스 부(富)를 창출하기 위한 조건

유비쿼터스 시대에 부의 창출을 위해서는 새로운 접근법과 환경을 고려해야 합니다. 유비쿼터스 시대의 부의 창출을 위한 조건으로는 지식, 기술, 창의성, 그리고 연결성이라는 네 가지 주요 요소가 있습니다. 이 절에서는 유비쿼터스 시대에 부를 창출하기 위한 네 가지 주요 조건을 분석하고 논의하겠습니다.

제1항. 전문적인 지식

지식은 유비쿼터스 부를 창출하는 데 핵심적인 역할을 합니다. 유비쿼터스 시대에는 정보에 대한 접근성이 높아지고, 지식은 거의 어디서나 구할 수 있게 되었습니다. 부를 창출하려면 다음과 같은 지식 관련 조건이 충족되어야 합니다.

첫째, 전문성입니다. 특정 분야나 업무에 대한 전문성은 부의 창출을 위한 필수 조건입니다. 유비쿼터스 시대에는 경쟁이 치열하며, 전문성을 통해 다른 사람들과 경쟁할 수 있는 우위를 확보할 수 있습니다.

둘째, 지속적인 학습과 자기 계발입니다. 기술의 발전은 끊임없이 진화하고 있습니다. 부를 창출하기 위해서는 새로운 기술과 동향을 지속적으로 습득하고 이에 적응하는 능력이 필요합니다. 지속적인 학습과 자기 계발은 성공적인 부의 창출을 지원합니다.

제2항. 디지털 기술 역량

부의 창출은 현대 사회에서 디지털 역량을 보유하고 활용하는 능력과 깊게 연관되어 있습니다. 디지털 시대의 성공적인 부의 창출을 위해서는 다음과 같은 디지털 기술 역량이 필요합니다.

첫째, 기술 습득 능력입니다. 유비쿼터스 시대에서는 새로운 기술과 플랫폼이 빠르게 등장합니다. 부를 창출하려면 기술을 습득하고 활용하는 능력이 필수입니다.

둘째, 데이터 활용과 분석 능력입니다. 빅데이터와 데이터 분석은 부의 창출에 있어서 중요한 역할을 합니다. 다양한 데이터를 수집하고 분석하여 소비자의 선호도와 행동을 이해하고 그에 맞는 맞춤형 서비스를 제공함으로써 수익을 창출할 수 있습니다.

셋째, 디지털 보안입니다. 디지털 시대에서는 보안 문제가 심각한 문제입니다. 부를 창출하려면 디지털 자산을 보호하는 능력이 필요합니다.

제3항. 창의성과 혁신

첫째, 창의적인 아이디어와 혁신입니다. 유비쿼터스 시대에서 부를 창출하기 위해서는 창의적인 아이디어와 혁신적인 접근이 필수적입니다. 새로운 서비스나 제품을 개발하거나 기존의 것을 개선함으로써 시장에서 경쟁력을 확보할 수 있습니다.

둘째, 실패 허용 문화입니다. 혁신은 실패와 함께 따릅니다. 부를 창출하려면 실패를 허용하고 배우는 문화를 구축해야 합니다.

셋째, 고객 중심의 서비스 제공입니다. 고객의 만족과 요구를 중심으로 한 서비스 제공은 부의 창출을 위해 필수적입니다. 유비쿼터스 시대의 소비자들은 편리하고 맞춤화된 서비스를 요구하며, 이에 부응하는 비즈니스 모델을 구축해야 합니다.

넷째, 다양한 경험과 영감입니다. 다양한 분야의 지식과 다른 사람들의 아이디어를 접하는 것은 창의성을 촉진합니다. 여행, 문화 체험, 예술 등 다양한 경험을 쌓는 것이 중요합니다.

제4항. 연결성

첫째, 사회적 네트워크입니다. 사회적 네트워크를 통해 다른 사람들과의 관계를 구축하고 유용한 연결을 형성할 수 있습니다. 비즈니스 파트너, 고객, 동료와의 관계는 부의 창출에 기여합니다.

둘째, 협업입니다. 타인과 협업하고 팀으로 일하는 능력은 부의 창출을 위해 필수적입니다. 다양한 배경과 기술을 가진 사람들과 협력하여 문제를 해결하고 혁신적인 아이디어를 만들 수 있습니다.

셋째, 글로벌 시장 진출입니다. 유비쿼터스 시대는 국경을 넘어 글로벌 시장으로 진출하는 것이 가능해졌습니다. 다국적 시장에서 활동하기 위해서는 다양한 문화와 언어에 대한 이해와 협력 능력이 필요합니다. 글로벌 시장에서 성공을 위해서는 국제적인 파트너십을 구축하고 유지하는 능력도 중요합니다.

유비쿼터스 시대에서 부를 창출하기 위해서는 디지털 역량, 창의성과 혁신, 그리고 글로벌 시장 진출 능력, 고객 중심의 서비스 제공, 지속적인 학습과 발전 등의 다양한 조건이 필요합니다. 무엇보다도, 지속적인 학습과 개발, 실패로부터의 배움, 그리고 다른 사람들과의 협력을 통해 부를 창출할 수 있는 능력을 키우는 것이 중요합니다.

제3절. 디지털 비즈니스와 부(富)의 관계

현대 사회에서는 디지털 기술의 급격한 발전으로 인해 사물과 정보가 네트워크를 통해 연결되고, 사람들의 일상생활과 비즈니스 활동에 혁명적인 변화를 가져왔습니다. 이러한 변화는 새로운 경제적 기회와 함께 부의 창출과 관련된 많은 가능성을 제시하고 있습니다. 이 절에서는 유비쿼터스 시대의 도래가 디지털 비즈니스와 부의 관계에 어떤 영향을 미치는지에 대해 다루고자 합니다.

제1항. 디지털 비즈니스의 정의와 특징

디지털 비즈니스는 전통적인 비즈니스 모델에서 디지털 기술을 효과적으로 활용하는 형태의 비즈니스를 말합니다. 이는 다음과 같은 특징을 갖고 있습니다.

첫째, 디지털 트랜스포메이션(Digital Transformation)입니다. 유비쿼터스 시대의 핵심은 디지털 트랜스포메이션입니다. 기업들은 더 나은 고객 경험을 제공하고 효율성을 높이기 위해 디지털 기술을 활용하고 있습니다. 이로 인해 새로운 비즈니스 모델이 등장하고, 기존 비즈니스 모델이 변화하고 있습니다.

둘째, 데이터의 역할입니다. 데이터는 디지털 비즈니스의 핵심 자원 중 하나입니다. 대규모 데이터 수집과 분석을 통해 기업은 소비자 행동을 이해하고 예측할 수 있으며, 이를 기반으로 제품 및 서비스를 개선하고 맞춤형 제안을 제공합니다.

셋째, 디지털 기술의 활용입니다. 클라우드 컴퓨팅, 빅데이터 분석, 인공 지능, 인터넷 등의 디지털 기술을 적극적으로 활용하여 비즈니스 프로세스를 최적화합니다.

넷째, 고객 경험의 개선입니다. 디지털 플랫폼을 통해 고객과 상호 작용을 개선하고 맞춤형 서비스를 제공합니다.

제2항. 디지털 비즈니스의 부의 창출에 미치는 영향

유비쿼터스 시대의 디지털 비즈니스는 새로운 수익원을 창출하고 기존 비즈니스 모델을 혁신하는 기회를 제공합니다. 또한, 유비쿼터스 시대의 부의 창출은 전통적인 경제 생태계에 영향을 미치며 새로운 형태의 경제 활동을 형성하고 있습니다.

첫째, 새로운 수익 모델의 등장입니다. 인터넷과 모바일 기술의 발전으로 인해 전통적인 판매 및 마케팅 방식뿐만 아니라 구독 서비스, 광고 수익, 데이터 기반 비즈니스 등 다양한 수익 모델이 등장하였습니다.

둘째, 글로벌 시장 접근성 증대입니다. 디지털 플랫폼을 통해 글로벌 시장에 더 쉽게 접근할 수 있게 되었습니다. 온라인 플랫폼과 디지털 마케팅을 통해 다양한 국가의 고객에게 접근할 수 있으며, 이는 부의 확대에 기여할 수 있습니다.

셋째, 기존 산업의 혁신입니다. 기존 산업은 디지털화와 자동화를 통해 생산성을 향상시키고 비즈니스 모델을 혁신하여 부를 창출하는 방식을 변화시키고 있습니다.

넷째, 플랫폼 경제의 부상입니다. 디지털 플랫폼을 통한 중개 경제가 부상하고 있습니다. 이는 서비스 제공자와 수요자를 연결하며 새로운 수익 기회를 제공합니다.

다섯째, 디지털 격차의 확대입니다. 디지털 비즈니스에 참여하기 위해서는 적절한 기술 및 접근성이 필요합니다. 이로 인해 디지털 격차가 심화되어 일부 지역 또는 계층은 부에 대한 접근성이 제한될 수 있습니다.

여섯째, 데이터 불균형과 프라이버시 문제입니다. 부의 창출은 데이터 수집 및 분석에 의존하는 경우가 많은데, 이로 인해 개인의 프라이버시가 침해될 수 있고, 데이터가 불균형하게 활용될 가능성이 있습니다.

유비쿼터스 시대의 도래로 인해 디지털 비즈니스와 부의 관계는 근본적으로 변화하고 있습니다. 디지털 트랜스포메이션은 기존의 비즈니스 모델을 혁신하고 새로운 부의 기회를 제공합니다. 그러나 이러한 혜택과 함께 부의 불평등과 데이터 보안 문제, 디지털 격차와 불평등의 가능성도

염두에 두어야 합니다. 이에 대응하기 위해서는 디지털 기술에 대한 교육 및 접근성을 개선함으로써 부의 공정한 분배와 데이터 프라이버시 보호 등의 정책적 논의와 노력이 필요합니다. 새로운 경제 생태계의 발전과 함께 공정하고 지속 가능한 부의 창출을 위한 노력이 중요해지고 있습니다.

제4절. 유비쿼터스 부(富)의 창출을 위한 디지털 변혁

유비쿼터스 시대에 들어서면서 디지털 기술은 사회와 경제 구조를 급격하게 변화시키고 있습니다. 이에 따라 기존의 경제 모델 또한 변화하고 있으며, 기업과 개인은 새로운 부의 창출 방법을 모색하고 있습니다. 이 절에서는 유비쿼터스 시대의 부의 창출을 위한 디지털 변혁의 중요성과 그 방향성을 논의하겠습니다.

제1항. 부의 창출과 디지털 변혁의 중요성

기업 및 개인이 유비쿼터스 시대에서 부를 창출하기 위해서는 디지털 변혁 전략의 수립이 필수적입니다. 이는 다음과 같은 이유로 중요합니다.

첫째, 경쟁 우위 확보입니다. 디지털 전략을 통해 기업은 경쟁에서 우위를 점하고 시장 점유율을 확대할 수 있습니다.

둘째, 지속 가능성입니다. 디지털 부의 창출은 지속 가능한 성장을 가능하게 합니다. 비즈니스 모델의 혁신은 미래에도 성공을 이끌어 낼 수 있습니다.

셋째, 시장 확장입니다. 디지털 플랫폼을 통해 글로벌 시장으로 진출할 수 있습니다.

넷째, 맞춤형 서비스입니다. 빅데이터와 AI를 활용하여 개별 고객에게 맞춤형 서비스를 제공할 수 있습니다.

다섯째, 신규 비즈니스 모델 개발입니다. 기존에는 불가능했던 새로운 비즈니스 모델을 개발할 수 있습니다.

제2항. 부의 창출을 위한 성공적인 디지털 변혁 전략

첫째, 디지털 트랜스포메이션입니다. 기업과 개인은 디지털 트랜스포메이션을 통해 비즈니스 모델 및 프로세스를 재설계하고 최적화해야 합니다. 고객 경험을 개선하고 효율성을 높이는 것이 중요합니다.

둘째, 데이터 분석과 활용입니다. 데이터는 디지털 부의 창출에서 핵심 자원 중 하나입니다. 데이터 분석을 통해 소비자 행동을 이해하고 예측할 수 있으며, 이로써 비즈니스 의사 결정을 개선할 수 있습니다. 또한, 인공지능(AI)과 기계 학습(ML)을 활용하여 데이터를 활용하는 능력은 디지털 경쟁력을 향상시키는 데 도움이 됩니다.

셋째, 혁신과 창의성입니다. 디지털 시대는 혁신과 창의성을 중시합니다. 새로운 아이디어를 촉진하고 실험을 통해 새로운 비즈니스 기회를 발견하도록 노력해야 합니다.

넷째, 디지털 스킬과 교육입니다. 부의 창출을 위한 가장 기본적인 단계는 디지털 스킬의 향상과 교육입니다. 디지털 세계에서의 성공을 위해서는 컴퓨터 프로그래밍, 데이터 분석, 디자인 등 다양한 디지털 스킬이 필요합니다. 이를 위해 온라인 교육 플랫폼과 대학 등에서의 교육을 통해 스킬을 향상시키는 것이 중요합니다.

다섯째, 디지털 비즈니스 모델입니다. 디지털 비즈니스 모델은 부의 창출의 핵심입니다. 온라인상에서의 판매, 서비스 제공, 디지털 마케팅을 통해 수익을 창출하는 것이 가능합니다. 또한, 서비스 구독 모델, 광고 수익, 데이터 판매 등 다양한 디지털 수익 모델을 고려해야 합니다.

여섯째, 디지털 마케팅입니다. 디지털 마케팅은 디지털 세상에서의 가시성을 확보하는 데 중요한 역할을 합니다. 검색 엔진 최적화(SEO), 소셜 미디어 마케팅, 이메일 마케팅 등을 통해 타겟 고객층에게 접근하고 홍보하는 것이 필수적입니다.

제3항. 성공 사례

사례 1. 애플

스마트폰과 생태계 구축을 통해 통합된 사용자 경험을 제공하며 고객의 로열티를 얻어 냈습니다.

사례 2. 아마존

개인화된 추천 시스템과 강력한 물류 네트워크를 통해 고객들에게 다양한 상품을 신속하게 제공하고 매출을 증대시켰습니다.

사례 3. 테슬라

전기 차와 자율 주행 기술을 접목하여 자동차 산업을 혁신하며 새로운 시장을 개척했습니다.

유비쿼터스 시대에서는 디지털 변혁을 통해 부의 창출이 가능합니다. 데이터의 중요성을 인식하고 플랫폼을 활용하며 창의적인 비즈니스 모델을 구현하는 기업과 개인이 성공할 가능성이 큽니다. 따라서 기업과 개인은 디지털 트랜스포메이션, 데이터 기반 의사 결정, 디지털 마케팅, 혁신 및 창조성을 향상시키는 데 주력해야 합니다.

제2장

유비쿼터스 부(富)의 실현 전략

제1절. 인공 지능과 빅데이터 활용

유비쿼터스 시대는 인공 지능(AI)과 빅데이터가 사회와 경제의 거의 모든 측면에 영향을 미치는 시대입니다. 이 절에서는 유비쿼터스 시대에서 부의 실현을 위한 전략에 초점을 맞추어, 인공 지능과 빅데이터의 활용 방안을 다루고자 합니다.

제1항. 인공 지능과 빅데이터의 역할

가. 인공 지능(AI)의 역할

인공 지능은 기계 학습 및 딥 러닝을 통해 데이터를 분석하고 예측하는 데 큰 역할을 합니다. AI는 고객 서비스의 자동화, 생산성 향상, 비즈니스 프로세스 최적화 등 다양한 분야에서 활용됩니다. 부의 실현에 있어서 AI는 고객 요구를 예측하고 맞춤형 제품 및 서비스를 제공하는 데 도움을 줄 수 있습니다.

나. 빅데이터의 역할

빅데이터는 대량의 데이터를 수집, 저장, 분석하여 중요한 통찰력을 얻는 데 사용됩니다. 이를 통해 비즈니스 의사 결정이 개선되며, 고객 행동 및 시장 동향을 이해하는 데 도움이 됩니다. 부의 실현을 위해 빅데이터는 효율적인 시장 조사와 고객 세분화에 기여할 수 있습니다.

제2항. 인공 지능(AI)과 부의 실현

인공 지능은 기업과 개인의 생산성을 향상시키는데 중요한 역할을 수행하고 있습니다. 기존의 업무를 자동화하고 데이터 기반의 의사 결정을 지원함으로써 효율성을 증대시키는 데 기여하고 있습니다. 부의 실현을 위한 인공 지능 활용은 다음과 같은 측면에서 중요합니다.

첫째, 데이터 분석 및 예측입니다. 인공 지능은 대량의 데이터를 신속하게 분석하고 패턴을 식별하는 데 탁월합니다. 이를 통해 시장 동향을 예측하고 투자 결정을 지원할 수 있으며, 이로써 부를 창출할 수 있습니다.

둘째, 고객 서비스 개선입니다. AI 기술을 활용하여 개별 고객에게 맞춤형 서비스를 제공하고 고객 경험을 향상시킬 수 있습니다. 만족한 고객은 장기적인 가치를 창출할 가능성이 높습니다.

셋째, 자동화입니다. 인공 지능은 반복적이고 노동 집약적인 작업을 자동화할 수 있으며, 이로써 인력 비용을 절감하고 생산성을 높일 수 있습니다.

제3항. 빅데이터와 부의 실현

빅데이터는 대량의 다양한 데이터를 분석하여 인사이트를 도출하는 데에 활용됩니다. 이를 통해 기업은 시장 동향을 파악하고 소비자의 요구를 예측하여 제품 및 서비스를 개발할 수 있습니다. 부의 실현을 위한 빅데이터의 활용은 다음과 같습니다.

첫째, 시장 인사이트 획득입니다. 빅데이터 분석은 시장 동향을 파악하고 경쟁사의 움직임을 추적하는 데 도움을 줄 수 있습니다. 이로써 비즈니스 전략을 조정하고 새로운 기회를 식별할 수 있습니다.

둘째, 위험 관리입니다. 빅데이터를 사용하여 재무 및 운영 리스크를 모니터링하고 관리할 수 있으며, 이로써 부의 보전을 위한 필수적인 요소를 강화할 수 있습니다.

제4항. 인공 지능과 빅데이터 활용을 통한 부의 실현 전략

가. 고객 중심 전략

첫째, 부의 실현은 고객의 만족과 관련이 깊습니다. 인공 지능과 빅데이터를 활용하여 고객의 요구 사항을 실현하고, 고객 경험을 개선하는 것이 중요합니다. AI 기술을 통해 고객의 행동을 분석하고 맞춤형 서비스를 제공하는 방안을 고려해야 합니다.

둘째, 개인화된 서비스 제공입니다. AI와 빅데이터를 활용하여 개인의 취향과 요구 사항에 맞는 맞춤형 제품과 서비스를 제공함으로써 고객의 만족도와 충성도를 높일 수 있습니다.

나. 데이터 기반 의사 결정

첫째, 데이터는 부의 실현에 있어서 중요한 자원입니다. 기업은 빅데이터를 수집, 저장하고 분석하여 비즈니스 의사 결정을 지원해야 합니다. 예측 분석 및 데이터 마이닝 기술을 사용하여 경쟁 우위를 확보하고 효율성을 높이는 데 도움이 됩니다.

둘째, 데이터 중심의 접근입니다. 기업과 조직은 데이터를 중심으로 한 전략을 수립해야 합니다. 데이터의 수집, 저장, 분석, 활용 과정을 체계적으로 구축하여 효과적인 결과를 얻을 수 있습니다.

다. 혁신과 경쟁력 강화

첫째, 혁신과 창의성입니다. 인공 지능과 빅데이터를 적극적으로 활용하여 제품과 서비스를 혁신하고, 새로운 시장 기회를 찾아야 합니다. 끊임없는 혁신은 기업의 경쟁력을 강화하고 지속적인 성장을 실현하는 데 필수적입니다.

둘째, 새로운 비즈니스 모델 탐색입니다. 유비쿼터스 시대의 기술 변화를 적극적으로 수용하여 기존의 비즈니스 모델을 개선하거나 새로운 비즈니스 모델을 탐색해야 합니다. 예를 들어, 공유 경제 플랫폼은 기존의 산업 구조를 변화시키고 있습니다.

제5항. 인공 지능과 빅데이터 활용 시 윤리적 고려 사항

첫째, 개인 정보 보호입니다. 빅데이터와 인공 지능의 활용은 개인 정보 보호에 대한 새로운 고려 사항을 제기합니다. 기업은 데이터 처리 및 보관에 대한 엄격한 보안 및 개인 정보 보호 정책을 준수해야 합니다.

둘째, 공정성과 투명성입니다. 알고리즘의 공정성과 투명성을 유지하는 것이 중요합니다. 인공 지능 결정의 논리와 근거를 설명할 수 있는 방법을 개발하고 고객과 이해관계자들에게 투명하게 소통해야 합니다.

제2절. 블록체인과 암호화폐 기술 활용

유비쿼터스 시대에는 블록체인과 암호화폐가 부의 창출에 새로운 기회를 제공하고 있습니다. 이 절에서는 유비쿼터스 시대의 부의 실현을 위한 전략으로서 블록체인과 암호화폐의 역할과 장점, 그리고 주요 전략을 살펴보겠습니다.

제1항. 블록체인 기술의 역할

가. 블록체인의 개념

블록체인은 탈중앙화된 분산원장 기술로, 거래의 무결성과 보안을 보장하며 중간 업무자를 배제하는 특징을 가지고 있습니다. 이 기술은 금융 부문뿐만 아니라 여러 산업 분야에 적용되고 있으며, 데이터의 신뢰성과 투명성을 확보하는 데 기여합니다.

나. 블록체인의 장점

첫째, 분산성입니다. 중앙 집중형 시스템과는 달리 중앙 권한이 없어 누구나 참여할 수 있으며, 데이터에 대한 공정한 접근을 보장합니다.

둘째, 무결성입니다. 데이터가 블록에 연결되고 암호화되므로 변경이 어렵고 보안성이 뛰어납니다.

셋째, 투명성입니다. 블록체인은 투명하고 공개적인 거래 기록을 제공하므로 신뢰를 증진시킵니다.

넷째, 스마트 계약(Smart Contracts)입니다. 블록체인을 활용한 스마트 계약은 거래의 자동화와 중간 업무자의 제거로 비용을 절감하며 부의 창출을 가능하게 합니다.

제2항. 암호화폐의 역할

가. 암호화폐의 개념

암호화폐는 디지털 형태의 화폐로, 중앙 기관이나 정부와는 독립적으로 운영됩니다. 블록체인을 기반으로 하며, 거래의 투명성과 익명성을 동시에 제공합니다.

나. 암호화폐의 역할

첫째, 디지털 자산입니다. 암호화폐는 디지털 형태의 자산으로, 이를 통해 전자 상거래 및 투자 등 다양한 경제 활동이 가능합니다.

둘째, 송금 및 결제 수단입니다. 국제 송금 및 결제 시 수수료를 절감하고 속도를 높일 수 있어 금융 효율성을 향상시킵니다.

셋째, 스마트 계약입니다. 블록체인 위에서 동작하는 스마트 계약을 활용하여 자동화된 거래 및 계약 체결을 촉진합니다.

넷째, 토큰화된 자산입니다. 물리적 자산이나 기타 자산을 토큰화하여 거래 가능하게 함으로써 부를 다양한 형태로 확장시킬 수 있습니다.

제3항. 블록체인과 암호화폐 기술을 활용한 부의 창출 전략

첫째, 투명성과 신뢰성 확보입니다. 블록체인은 거래 기록을 투명하게 기록하므로 거래의 신뢰성을 제고합니다. 암호화폐를 통한 자산 이동 역시 블록체인상에서 확인 가능하므로, 부정 거래나 사기를 방지할 수 있습니다.

둘째, 기술 습득과 활용입니다. 기업과 개인은 블록체인과 암호화폐의 작동 원리와 활용 방법을 깊이 이해하고 습득해야 합니다. 꾸준한 기술 학습과 연구를 통해 빠르게 변화하는 환경에 대응해야 합니다.

셋째, 혁신적인 비즈니스 모델 구축입니다. 블록체인과 암호화폐의 특성을 고려한 새로운 비즈니스 모델을 고안해야 합니다. 중심화된 서비스보다 탈중앙화와 투명성을 강조하는 모델을 개발하여 시장의 니즈에 부응하는 서비스를 제공해야 합니다.

넷째, 규제 준수와 안전성 확보입니다. 블록체인과 암호화폐 시장은 아직까지 규제와 안전성이 미흡한 경우가 많습니다. 이에 기업과 투자자는 국내외 규제를 준수하고 안전한 거래 환경을 조성하는 노력이 필요합니다.

제4항. 블록체인과 암호화폐 기술을 활용 시 고려 사항

첫째, 규제와 법적 문제입니다. 정부와 규제 기관은 블록체인 및 암호화폐 시장을 규제하고 안전성을 확보해야 합니다. 규제는 부정 행위와 금융 범죄를 방지하기 위해 중요합니다. 각 국가의 법률과 규정을 준수하는 것은 중요합니다.

둘째, 보안과 프라이버시 문제입니다. 블록체인과 암호화폐 시스템은 보안과 프라이버시 문제에 대응해야 합니다. 스마트 컨트랙트의 버그 및 해킹 위험이 존재하므로 보안 강화가 필요합니다. 암호화폐 및 블록체인 거래의 보안과 프라이버시는 항상 주의해야 할 중요한 고려 사항입니다.

제3절. 사물인터넷과 스마트 시티 기술 활용

유비쿼터스 시대에서는 사물인터넷(IoT)과 스마트 시티의 개념이 주목받고 있으며, 이러한 기술들이 부의 실현에 어떠한 영향을 미칠 수 있는지에 대한 연구와 전략이 중요한 이슈로 부상하고 있습니다. 이 절에서는 유비쿼터스 시대의 부의 실현을 위한 전략으로 사물인터넷 및 스마트 시티 기술의 영향을 분석하고자 합니다.

제1항. 사물인터넷(IoT) 개념과 역할

가. 사물인터넷(IoT) 개념

사물인터넷은 사물들 간의 연결을 통해 데이터를 수집, 분석하고 서로 상호 작용할 수 있는 환경을 구축하는 기술입니다. IoT는 생산성 향상, 자원 효율성 증대 등을 통해 경제적 가치 창출을 이루어 내며, 이는 부의 증진에 직결될 수 있습니다. 예를 들어, 제조업에서의 스마트 공장은 생산성을 높이고 비용을 절감하여 기업의 경쟁력을 향상시킬 수 있습니다.

나. 사물인터넷(IoT)의 역할

첫째, 데이터 수집과 분석입니다. IoT는 대량의 데이터를 수집하고 분석함으로써 비즈니스 인텔리전스를 향상시키는 데 기여합니다. 이를 통해 소비자 행동, 제품 성능, 시장 동향 등을 파악할 수 있습니다.

둘째, 자동화와 효율성입니다. IoT는 프로세스의 자동화를 가능하게 하며, 비용 절감과 생산성 향상을 도모합니다. 예를 들어, 제조업에서 IoT를 활용하면 기계의 상태를 모니터링하고 유지 보수를 예방할 수 있습니다.

셋째, 새로운 비즈니스 모델 개발입니다. IoT는 새로운 비즈니스 모델을 가능하게 합니다. 예를 들어, 서비스 중심의 모델에서 제품 중심의 모델로의 전환이 가능합니다.

제2항. 부의 창출을 위한 사물인터넷(IoT) 활용 사례

사례 1. 스마트 홈과 생활 편의

IoT를 활용한 스마트 홈은 생활의 편의성을 높이며, 에너지 절약과 안전성을 향상시킵니다. 스마트 홈 시장은 성장 중이며, 이를 통해 부를 창출할 수 있습니다.

사례 2. 스마트 도시와 교통 관리

스마트 도시는 교통 체증을 완화하고 환경을 개선하는 데 도움이 됩니다. 스마트 도시 기술은 도시 인프라의 효율성을 향상시키고 부를 창출할 수 있습니다.

제3항. 스마트 시티 개념과 구성 요소

가. 스마트 시티 개념

스마트 시티는 도시 내 다양한 인프라와 시스템을 연결하여 효율적인 운영과 서비스를 제공하는 개념입니다. 이를 통해 교통 체증 완화, 에너지 효율화, 공공 서비스 개선 등이 이루어질 수 있으며, 이는 도시민들의 삶의 질 향상과 경제적인 부의 증진을 가능하게 합니다.

나. 스마트 시티 구성 요소

첫째, 스마트 인프라입니다. 스마트 시티는 스마트 인프라를 기반으로 합니다. 이는 IoT 센서, 빅데이터 분석, 클라우드 컴퓨팅 등을 포함합니다.

둘째, 스마트 서비스입니다. 스마트 시티는 시민들에게 스마트한 서비스를 제공합니다. 예를 들어, 공공 교통, 안전, 환경 모니터링 등이 있습니다.

셋째, 지속 가능성입니다. 스마트 시티는 에너지 효율성과 환경 지속 가능성을 강조합니다.

제4항. 부의 창출을 위한 스마트 시티 활용 전략

첫째, 스마트 모빌리티입니다. 자율 주행 차량 및 공유 이동 수단을 통해 교통 흐름을 최적화하고 새로운 모빌리티 서비스를 제공합니다.

둘째, 에너지 효율 증대입니다. 에너지 관리 및 스마트 그리드를 통해 에너지 소비를 최적화하고 탄소 배출을 줄입니다.

셋째, 디지털 서비스입니다. 시민과 기업에게 디지털 서비스를 제공하여 생활의 질을 향상시키고 새로운 비즈니스 기회를 개척합니다.

넷째, 새로운 비즈니스 기회 제공입니다. 스마트 시티는 다양한 비즈니스 기회를 제공합니다. 스마트 교통, 스마트 보안, 스마트 건설 등이 그 예입니다.

제4절. 개인적 유비쿼터스 부(富)의 실현을 위한 전략

유비쿼터스 환경 속에서는 부의 개념과 접근 방식도 변화하고 있습니다. 이 절에서는 유비쿼터스 시대에 개인적 유비쿼터스 부의 실현을 위한 전략을 논의하겠습니다.

제1항. 개인적 유비쿼터스 부의 개념

유비쿼터스 시대의 도래로 인해 정보 기술의 발달과 인터넷의 보급으로 정보 접근성이 높아졌습니다. 이는 경제 구조와 소비 패턴의 변화를 초래하였습니다. 더 이상 물리적 자원만이 부의 지표가 아닌, 지식과 정보의 가치가 부의 핵심 요소로 부상하였습니다. 유비쿼터스 시대의 부의 개념은 단순한 물질적 재산이 아니라, 지식, 스킬, 커뮤니케이션 능력, 그리고 온라인 및 오프라인 커뮤니티와의 연결을 포함합니다. 따라서, 유비쿼터스 시대의 부는 재정적인 풍요로움뿐만 아니라 시간적, 지리적 자유와 직업적 만족을 포함한 개인의 전반적인 풍요로움을 나타냅니다. 이것은 단순히 돈을 벌고 모든 것을 소유하는 것이 아니라, 더 풍요로운 삶을 살기 위한 수단으로 부의 개념이 변화하고 있음을 나타냅니다. 따라서 개인적 유비쿼터스 부의 실현은 물질적 부의 확보뿐만 아니라, 정보와 기술을 효과적으로 활용하여 소프트(Soft)하고 지적인 부를 구축하는 것을 의미합니다.

제2항. 개인적 유비쿼터스 부의 실현을 위한 핵심 요소

첫째, 디지털 리터러시의 강화입니다. 디지털 리터러시는 유비쿼터스 시대에서 개인적 부의 실현을 위한 중요한 능력입니다. 정보를 검색하고 분석하는 능력, 온라인 네트워킹과 커뮤니케이션 능력을 키우는 것이 필요합니다.

둘째, 지식과 기술의 습득입니다. 무엇보다도, 지식과 기술의 습득은 유비쿼터스 부의 핵심입니다. 온라인 강의, 온라인 교육 프로그램, 도서 등을 통해 지식을 쌓고, 필요한 스킬을 개발하는 것이 중요합니다. 직장에서의 교육 및 스킬 개발 프로그램을 활용하여 계속적인 전문성 향상을 추구해야 합니다.

셋째, 디지털 커뮤니케이션 능력 향상입니다. 유비쿼터스 시대에서는 디지털 커뮤니케이션 능력이 부의 중요한 요소입니다. 이메일, 소셜 미디어, 온라인 회의 등을 효과적으로 활용할 수 있어야 합니다. 개인 브랜딩을 통해 온라인에서의 인지도를 높이고 전문성을 강조하는 것도 중요합니다.

넷째, 지속적인 학습과 발전입니다. 유비쿼터스 시대는 변화의 속도가 빠르기 때문에, 개인은 지속적인 학습과 발전이 필요합니다. 새로운 기술과 트렌드를 습득하고 적용하는 능력은 부의 실현을 위해 더욱 중요합니다. 개인은 자신의 역량을 늘리기 위해 꾸준한 노력을 기울여야 합니다.

제3항. 개인적 유비쿼터스 부의 실현을 위한 전략

첫째, 디지털 기술 활용입니다. 디지털 기술은 유비쿼터스 부의 실현을 위한 핵심 도구입니다. 클라우드 컴퓨팅, 빅데이터 분석, 인공 지능을 활용하여 비즈니스 프로세스를 개선하고 새로운 비즈니스 모델을 탐색해야 합니다. 개인 브랜딩 및 마케팅을 위한 소셜 미디어 플랫폼도 활용되어야 합니다.

둘째, 데이터 활용입니다. 유비쿼터스 시대에서는 데이터가 가치의 핵심 요소로 부상하였습니다. 따라서 부를 실현하기 위해서는 데이터를 적극적으로 수집, 분석하고 활용하는 능력이 중요합니다. 이를 위해서는 개인은 자신의 관심 분야나 역량을 기반으로 데이터를 수집하고 분석할 수 있는 능력을 갖추어야 합니다.

셋째, 온라인 비즈니스와 창업입니다. 유비쿼터스 시대에서는 온라인 비즈니스와 창업이 부의 실현을 위한 중요한 방법 중 하나입니다. 개인 브랜드 또는 제품을 홍보하고 온라인 시장을 탐구할 수 있는 기회를 고려해야 합니다. 창업 시에는 비즈니스 계획 작성, 마케팅 전략 수립, 자금 조달 계획 등을 신중하게 고려해야 합니다.

넷째, 디지털 경제와의 연계입니다. 유비쿼터스 시대에서는 디지털 경제가 중요한 위치를 차지하고 있습니다. 개인은 온라인 플랫폼을 통해 자신의 능력이나 제품, 서비스를 세계 어디서나 손쉽게 판매하고 홍보할 수 있습니다. 디지털 경제와의 연계를 통해 개인은 더 많은 기회를 얻을 수 있으며, 이를 통해 부를 증진시킬 수 있습니다.

다섯째, 창의적인 가치 창출입니다. 유비쿼터스 시대에서는 기술의 발전으로 많은 작업이 자동화되고, 일상적인 과업들이 간소화됩니다. 따라서 가치 창출은 더욱 창의적인 영역으로 이동하게 되었습니다. 부를 실현하기 위해서는 개인은 자신의 창의력을 발휘하여 독특하고 차별화된 가치를 창출하는 능력을 키워야 합니다.

여섯째, 유연한 근무 방식과 수익 다각화입니다. 개인적 유비쿼터스 부의 실현을 위해서는 유연한 근무 방식을 적극적으로 활용해야 합니다. 원격 근무, 프리랜서, 창업 등 다양한 방식으로 수익을 다각화하고 안정적인 재정 기반을 구축할 수 있습니다.

제4항. 성공 사례

사례 1. 스타트업 기업가

디지털 기술을 활용하여 새로운 제품 또는 서비스를 개발한 스타트업 기업가들은 짧은 기간 내에 부를 축적하고 성공을 이루었습니다.

사례 2. 콘텐츠 크리에이터와 유튜버

콘텐츠 제작자, 유튜버, 온라인 인플루언서들은 인터넷을 통해 수많은 고객과 협력 파트너를 모아 수익을 창출하고 부의 실현을 이루고 있습니다.

사례 3. 디지털 컨설턴트

디지털 전문 지식을 활용하여 기업과 개인에게 조언을 제공하는 디지털 컨설턴트들은 높은 수준의 수익을 올리며 유비쿼터스 부를 실현하고 있습니다.

제5절. 조직의 유비쿼터스 부(富)의 실현을 위한 전략

유비쿼터스 시대에서는, 조직의 유비쿼터스 부의 개념은 단순한 재정적 풍요가 아니라 조직 내외의 다양한 자원과 기술을 활용하여 전략적인 가치 창출과 지속적인 혁신을 의미합니다. 이 절에서는 조직이 유비쿼터스 시대에서 부의 실현을 위한 전략을 살펴보겠습니다.

제1항. 조직의 유비쿼터스 부의 개념

가. 조직의 유비쿼터스 부의 개념

유비쿼터스 부(Ubiquitous Wealth)는 개별 개인이나 조직뿐 아니라 사회 전체에 공헌하는 형태의 부를 의미합니다. 조직의 유비쿼터스 부의 개념은 다양한 의미를 포함하며, 재정적 풍요뿐만 아니라 지식, 기술, 인간 자본, 사회적 자본 등 다양한 자원을 포함합니다. 조직은 이러한 자원을 효과적으로 활용하여 부의 다양한 형태를 추구해야 합니다. 유비쿼터스 부는 전통적인 부의 개념을 넘어 강조되고 있으며, 조직에게 미래 지속성과 경쟁 우위를 확보하는 데 중요한 역할을 합니다.

나. 조직의 유비쿼터스 부의 중요성

첫째, 사회적 가치 창출입니다. 유비쿼터스 부는 조직이 사회적 가치를 창출하고, 지역 사회 및 세계 사회의 발전에 기여하는 수단으로 작용합니다.

둘째, 유연성과 대응력 강화입니다. 유비쿼터스 부는 조직이 변화에 빠르게 대응하고 새로운 기회에 민첩하게 대응할 수 있도록 도와줍니다.

셋째, 지속 가능한 성장입니다. 유비쿼터스 부를 추구함으로써 조직은 장기적인 지속 가능한 성장을 위한 기반을 마련할 수 있습니다.

제2항. 조직의 유비쿼터스 부의 실현을 위한 핵심 요소

첫째, 디지털 리더십과 능력 개발입니다. 유비쿼터스 시대에서는 리더들이 디지털 기술과 변화를 이끌어 나갈 능력이 필수적입니다. 조직은 리더들에게 디지털 역량을 강화시키는 교육과 개발 기회를 제공하여 변화에 능동적으로 대응할 수 있도록 도와야 합니다. 리더들의 디지털 비전과 전략이 조직 내에서 전파되어 직원들이 변화에 참여하고 협력할 수 있는 환경을 조성해야 합니다.

둘째, 유연하고 협업적인 조직 문화 조성입니다. 유비쿼터스 시대에서는 업무 환경이 유연성을 요구합니다. 조직은 직원들이 언제 어디서나 협업하고 업무를 수행할 수 있는 도구와 환경을 제공해야 합니다. 이를 위해 클라우드 기술과 협업 플랫폼을 효과적으로 활용하며, 조직 문화를 개선하여 다양한 아이디어와 전문성을 공유하고 협업하는 문화를 조성해야 합니다.

셋째, 보안과 프라이버시 고려입니다. 유비쿼터스 시대에서는 데이터의 수집과 활용이 늘어남에 따라 보안과 프라이버시 문제도 중요한 고려 사항이 됩니다. 조직은 데이터 보안을 강화하고 개인 정보를 보호하기 위한 정책과 시스템을 구축해야 합니다. 이를 통해 고객들의 신뢰를 유지하고 법적인 문제를 예방할 수 있습니다.

제3항. 조직의 유비쿼터스 부의 실현을 위한 전략

첫째, 데이터 중심의 비즈니스 모델 구축입니다. 유비쿼터스 시대에서는 데이터가 가치의 핵심 요소로 부상하였습니다. 조직은 내부 및 외부에서 생성되는 다양한 데이터를 수집, 분석하여 비즈니스 의사 결정에 활용해야 합니다. 이를 위해 데이터 품질을 유지하고 보안을 강화하는 정책과 시스템을 구축해야 합니다. 데이터 기반의 인사이트를 획득하여 고객 요구를 예측하고 효율적인 비즈니스 전략을 개발하는 것이 중요합니다.

둘째, 디지털 플랫폼 구축입니다. 유비쿼터스 시대에서는 디지털 플랫폼이 조직의 가치 창출과 연결된 선순환 구조입니다. 클라우드 컴퓨팅, 사물인터넷(IoT), 인공 지능 등의 기술을 활용하여 유연하고 확장 가능한 플랫폼을 구축해야 합니다. 이를 통해 제품 및 서비스의 개발, 제공, 관리를 효율적으로 수행하며 고객과의 상호 작용을 강화할 수 있습니다.

셋째, 고객 중심의 혁신입니다. 고객의 요구와 선호를 이해하고 그에 맞춰 제품과 서비스를 개발하는 것이 부의 실현을 위한 핵심입니다. 유비쿼터스 시대에서는 개인 맞춤형 경험이 중요해졌습니다. 데이터 분석을 통해 고객 행동을 예측하고 이에 맞춘 맞춤형 서비스를 제공하는 것이 필요합니다.

넷째, 기업 문화의 변화입니다. 조직 내에서 디지털 전환과 혁신을 주도하기 위해서는 기업 문화의 변화가 필요합니다. 조직 구성원들은 새로운 아이디어를 제시하고 실패를 두려워하지 않는 환경을 조성해야 합니다. 또한 지속적인 학습과 스킬 업그레이드를 촉진하여 디지털 시대의 변화에 대응할 수 있는 능력을 키워야 합니다.

다섯째, 직원들의 디지털 역량 개발입니다. 유비쿼터스 부의 실현을 위해서는 조직 내부의 역량 개발이 필수적입니다. 직원들에게는 디지털 능력, 문제 해결 능력, 협업 능력, 창의성 등이 강화되어야 합니다.

여섯째, 글로벌 시장 진출입니다. 유비쿼터스 부의 실현을 위해 글로벌 시장으로의 진출이 중요합니다. 다양한 시장에서의 경험을 통해 조직은 성장과 다양한 부의 형태를 모색할 수 있습니다.

제4항. 성공 사례

사례 1. 애플(Apple)의 디지털 생태계 구축

애플(Apple)은 하드웨어, 소프트웨어, 서비스를 통합한 생태계를 구축하여 고객들에게 유비쿼터스한 부의 경험을 제공하고 있습니다. 애플은 모바일 기기와 운영 체제를 통합하여 고객에게 유비쿼터스한 환경을 제공하고 있습니다. 이를 통해 고객은 언제 어디서든 애플의 생태계에 접근할 수 있으며, 애플은 고객 데이터를 활용하여 제품 개선과 마케팅 전략을 수립합니다.

사례 2. 아마존(Amazon)의 데이터 기반 비즈니스 모델

아마존(Amazon)은 고객의 구매 이력 데이터를 분석하여 개인화된 제품 추천을 제공하고, 고객 맞춤형 추천 서비스를 제공하여 매출을 증가시키고, 고객 이탈을 줄이는 데 성공하였습니다. 또한 예측 분석을 통해 재고를 최적화하고 고객 수요를 예측하여 공급망을 효율화하고 있습니다.

제6절. 사회적 유비쿼터스 부(富)의 실현을 위한 전략

사회적 유비쿼터스 부의 실현은, 급격한 기술적 발전, 경제 환경 변화, 사회 구조 변화 등, 이러한 새로운 현실에 부응하며 공정하고 지속 가능한 부의 분배를 목표로 합니다. 이 절에서는 유비쿼터스 시대에 사회적 유비쿼터스 부의 개념과 이의 실현을 위한 전략에 대해 논의하겠습니다.

제1항. 사회적 유비쿼터스 부

가. 사회적 유비쿼터스 부의 개념

사회적 유비쿼터스 부란 부의 혜택을 사회 전체로 확장시키는 개념입니다. 이는 사회의 불평등을 줄이고 모든 이들에게 기회와 혜택을 제공함으로써 지속 가능한 사회를 구축하는 것을 목표로 합니다.

나. 사회적 유비쿼터스 부의 핵심 요소

유비쿼터스 시대의 사회적 부는 다음과 같은 요소들로 구성됩니다.

첫째, 지식과 정보의 공유입니다. 지식과 정보를 다양한 플랫폼과 네트워크를 통해 공유하고 활용하는 능력은 유비쿼터스 시대의 부의 핵심 요소입니다.

둘째, 디지털 기술 역량입니다. 디지털 기술을 활용하여 문제를 해결하고 새로운 가치를 창출하는 능력은 사회적 부의 기반을 형성합니다.

셋째, 창의성과 혁신입니다. 변화하는 환경에서 새로운 아이디어를 만들어 내고 이를 혁신적인 방법으로 구현하는 능력은 사회적 부의 획득을 돕습니다.

넷째, 접근성 확보입니다. 모든 사람들이 정보와 기술에 접근할 수 있는 환경을 조성하여 사회적 디지털 격차를 줄이는 것이 중요합니다.

다. 사회적 유비쿼터스 부의 장점

첫째, 사회적 안정성 강화입니다. 사회적 유비쿼터스 부는 사회의 안정성을 강화합니다. 경제적 불평등을 줄이고 모든 이들에게 기회를 제공함으로써 사회적 긴장을 완화하고 사회적 평화를 촉진할 수 있습니다.

둘째, 경제적 성장 촉진입니다. 사회적 유비쿼터스 부는 경제적 성장을 촉진합니다. 모든 이들이 창의적으로 기여할 수 있는 환경을 조성하고 새로운 비즈니스 모델과 기술의 발전을 촉진하여 경제 활동을 활성화합니다.

제2항. 사회적 유비쿼터스 부(富)의 실현을 위한 핵심 요소

가. 부의 불평등 해소

유비쿼터스 부의 실현을 위한 첫 번째 전략은 부의 불평등을 해소하는 것입니다. 이를 위해 다음과 같은 단계가 필요합니다.

첫째, 교육 기회 제공입니다. 교육은 유비쿼터스 부의 핵심입니다. 모든 사람에게 평등한 교육 기회를 제공하여 지식과 기술을 배울 수 있도록 해야 합니다.

둘째, 노동 시장 개선입니다. 고용 기회 확대와 고용 조건 개선을 통해 노동 시장의 부의 분배를 고르게 만들어야 합니다.

셋째, 세금 정책 개편입니다. 공정한 세금 정책을 통해 부의 불평등을 줄이고 사회적 서비스에 투자할 자금을 확보해야 합니다.

나. 디지털 기술의 활용

유비쿼터스 부의 실현을 위한 두 번째 전략은 디지털 기술의 효과적인 활용입니다. 이를 위해 다음과 같은 접근 방식이 필요합니다.

첫째, 디지털 교육입니다. 디지털 기술을 활용한 교육 프로그램을 개발하여 디지털 역량을 향상시키고 경력 개발을 지원해야 합니다.

둘째, 디지털 인프라 구축입니다. 디지털 인프라의 확대와 개선을 통해 모든 지역에서 접근 가능한 디지털 서비스를 보장해야 합니다.

셋째, 데이터 보안과 프라이버시 보호입니다. 디지털 부의 증가와 함께 데이터 보안과 프라이버시 보호에 대한 강력한 정책을 마련해야 합니다.

다. 지속 가능한 부

지속 가능한 부의 실현은 사회적 및 환경적 측면에서 고려해야 합니다. 이를 위한 전략은 다음과 같습니다.

첫째, 환경 친화적 기업입니다. 기업들은 지속 가능한 경영 모델로 전환해야 하며, 친환경 제품 및 서비스를 개발하고 보급해야 합니다.

둘째, 사회적 책임입니다. 기업과 개인은 지역 사회 및 사회적 문제에 대한 책임을 다져야 하며, 사회적 투자와 자원 기부를 촉진해야 합니다.

셋째, 자원 절약입니다. 자원의 효율적 사용을 촉진하고 재생 가능 에너지와 같은 지속 가능한 에너지 소스를 활용해야 합니다.

제3항. 사회적 유비쿼터스 부(富)의 실현을 위한 전략

첫째, 교육과 기술 접근성 개선입니다. 유비쿼터스 부를 실현하기 위해서는 교육과 기술에 대한 접근성을 확대해야 합니다. 교육을 통한 역량 개발과 디지털 기술의 보급은 개개인이 부의 창출의 주체가 될 수 있도록 핵심적인 역할을 합니다.

둘째, 디지털 리터러시(Digital Literacy) 강화입니다. 디지털 시대에서는 디지털 리터러시가 중요합니다. 모든 사람이 디지털 환경에서 정보를 이해하고 활용할 수 있는 능력을 갖추도록 교육과 교육자의 역할이 강화되어야 합니다.

셋째, 혁신적인 비즈니스 모델 개발입니다. 기업은 디지털 기술과 창의적인 아이디어를 결합하여 새로운 비즈니스 모델을 개발하고 이를 통해 새로운 가치를 창출해야 합니다.

넷째, 디지털 인프라 강화입니다. 빠르고 안정적인 인터넷 접속 환경을 보장하고 디지털 서비스의 접근성을 높이는 데 중점을 두어야 합니다.

다섯째, 다양성과 포용성 확보입니다. 모든 사람들이 참여하고 기여할 수 있는 다양하고 포용적인 환경을 조성하여 사회적으로 지속 가능한 부의 분배를 실현해야 합니다.

여섯째, 사회적 연결성과 협력 강화입니다. 사회적 유비쿼터스 부를 실현하기 위해서는 사회적 연결성을 강화하고 협력을 촉진해야 합니다. 이를 통해 다양한 인적 자원과 지식을 공유하며 부의 창출과 지속 가능한 경제 발전을 지원해야 합니다.

제3부

유비쿼터스 리더십 (Ubiquitous Leadership)

Ubiquitous Leadership

제1장

유비쿼터스 리더십 개념

제1절. 유비쿼터스 리더십 개념과 특성

유비쿼터스 시대의 도래로 인해 조직과 리더십의 역할은 이전과 다르게 진화하고 있습니다. 이러한 변화를 이해하고 적응하는 것은 현대 리더들에게 매우 중요한 과제 중 하나입니다. 이 절에서는 유비쿼터스 리더십의 개념에 대해 논의하고, 이 시대에 요구되는 리더십 특성을 살펴보겠습니다.

제1항. 유비쿼터스 리더십의 개념

유비쿼터스 리더십은 디지털 기술의 발전으로 언제 어디서나 연결되고 정보에 접근하는 환경에서 조직을 이끄는 리더십의 새로운 패러다임을 의미합니다. 이것은 고정된 시간과 장소에 제한받지 않고 조직 내에서 필요한 순간에 리더가 나서야 한다는 의미입니다. 이것은 지리적, 시간적, 혹은 조직적 제약을 극복하는 리더십 스타일을 의미합니다. 이러한 유비쿼터스 리더십은 다음과 같이 정의될 수 있습니다.

첫째, 디지털 리더십입니다. 유비쿼터스 리더십은 디지털 기술을 통해 정보를 수집하고 분석하며, 이를 기반으로 현명한 의사 결정을 내리는 리더십 형태를 의미합니다.

둘째, 분산된 리더십입니다. 이것은 조직 내부 및 외부의 다양한 이해관계자들과 협력하고, 지리적 제약을 극복하여 조직의 목표를 달성하는 능력을 가리킵니다.

셋째, 개방적인 리더십입니다. 유비쿼터스 리더는 개방적인 의사소통과 리더십 스타일을 채택하며, 팀원들과의 협력을 강조합니다.

제2항. 유비쿼터스 리더십의 주요 특성

유비쿼터스 리더십은 전통적인 리더십 개념을 확장하고 발전시킨 것으로, 이는 더욱 유연하고 혁신적인 리더십 접근을 필요로 합니다. 다음과 같은 주요 특성을 가지고 있습니다.

첫째, 디지털 기술 역량과 실시간 의사소통입니다. 유비쿼터스 리더는 최신 기술과 도구에 대한 이해와 숙련성을 갖춰야 합니다. 이것은 디지털 트랜스포메이션을 주도하는 데 필수적입니다. 유비쿼터스 리더는 현대의 디지털 기술을 적극적으로 활용하여 언제든지 팀과 연결되어 실시간으로 정보와 피드백을 주고받을 수 있어야 합니다.

둘째, 데이터 기반 의사 결정입니다. 유비쿼터스 리더는 데이터를 수집하고 분석하여 의사 결정을 내립니다. 이는 실시간 정보에 기반한 민첩한 의사 결정을 필요로 합니다.

셋째, 분산된 조직 구조와 유연한 업무 환경입니다. 유비쿼터스 리더는 조직의 경계를 허물고 분산된 팀과 협력하며, 지리적 제약을 극복하여 글로벌 시장에서 경쟁합니다. 장소와 시간에 구애받지 않는 유연한 업무 환경에서도 리더는 팀을 지원하고 조직을 이끌어 나갈 수 있어야 합니다.

넷째, 열린 커뮤니케이션과 가상 협업 능력입니다. 유비쿼터스 리더는 열린 커뮤니케이션을 촉진하며 다양한 의견을 수렴하고 공유함으로써 조직 내외의 다양한 이해관계자와 협력해야 합니다. 리더는 가상 팀과의 협업 능력을 갖추어야 합니다. 지역과 시간에 관계없이 팀원들과 효과적으로 소통하고 협력해야 합니다.

다섯째, 윤리적 리더십입니다. 유비쿼터스 리더는 데이터 보안 및 개인정보 보호와 같은 윤리적 문제에 대한 이해가 필요합니다. 유비쿼터스 리더는 이러한 문제를 신중하게 다루어야 합니다.

여섯째, 학습과 자기 계발입니다. 유비쿼터스 리더는 끊임없이 학습하고 발전해야 합니다. 유비쿼터스 환경에서는 기존의 방식을 고수하기보다는 새로운 아이디어와 방법을 적극적으로 받아들이는 자세가 필요합니다.

유비쿼터스 시대의 도래로 인해 리더십은 이전과는 다른 모습으로 변화하고 있습니다. 유비쿼터스 리더십은 실시간 의사소통, 유연한 업무 환경, 데이터 기반 의사 결정 등을 중요하게 여기며 조직의 성공을 위해 더욱 핵심적인 역할을 수행하고 있습니다. 유비쿼터스 리더십은 데이터, 기술, 협업, 윤리 등 다양한 측면에서 새로운 요구 사항을 제시하고 있으며, 이러한 리더들은 변화를 포용하고 지속적인 학습과 발전을 통해 현대 조직을 성공으로 이끌 것입니다.

제2절. 유비쿼터스 리더십의 중요성

유비쿼터스 시대, 즉 언제 어디서나 어떤 상황에서든 접근 가능한 정보와 기술을 의미합니다. 이러한 환경에서 리더십은 이전과 다르게 진화하고 있으며, 유비쿼터스 리더십은 이러한 변화에 대응하기 위해 중요한 역할을 수행하고 있습니다. 이 절에서는 유비쿼터스 시대의 리더십 변화와 그 중요성에 대해 다루고자 합니다.

제1항. 유비쿼터스 리더십의 중요성

첫째, 혁신과 경쟁력 강화입니다. 유비쿼터스 리더들은 새로운 기술을 적극적으로 도입하고 비즈니스 모델을 혁신함으로써 경쟁력을 강화할 수 있습니다.

둘째, 조직 내 문화의 변화입니다. 유비쿼터스 리더들은 디지털 변화를 조직 문화에 통합시키는 역할을 수행해야 합니다. 이를 통해 직원들은 혁신과 디지털화에 적극적으로 참여할 수 있습니다.

셋째, 글로벌 경쟁력입니다. 유비쿼터스 리더의 분산된 리더십은 지역과 문화에 무관하게 글로벌 시장에서 경쟁할 수 있는 능력을 부여하며, 다양한 시장에서 성공을 이룰 수 있습니다.

넷째, 커뮤니케이션 능력입니다. 유비쿼터스 리더십은 효과적인 커뮤니케이션 능력을 강조합니다. 유비쿼터스 리더는 다양한 매체를 통해 효과적으로 의사소통해야 합니다. 이는 분산된 팀과의 협업을 원활하게 만듭니다.

다섯째, 데이터 기반 의사 결정 능력입니다. 유비쿼터스 리더는 빅데이터와 인공 지능을 활용하여 정보를 분석하고 전략을 개발하는 능력이 필요합니다. 데이터 기반 의사 결정은 신속하고 정확한 의사 결정을 가능하게 합니다.

여섯째, 유연성과 민첩성입니다. 유비쿼터스 리더는 빠르게 변화하는 환경에 대응하기 위해 유연성과 민첩성을 갖추어야 합니다. 이는 조직을 변화와 혁신으로 이끄는 역할을 합니다. 유비쿼터스 리더십은 신속한 의사 결정과 실험을 통해 새로운 아이디어를 수용하고 구현할 수 있습니다.

일곱째, 다양성과 포용성입니다. 유비쿼터스 리더십은 다양한 배경과 경험을 가진 사람들을 포용하고 인클루전(Inclusion)을 촉진해야 합니다. 다양한 시각과 아이디어는 혁신을 촉진합니다.

여덟째, 효율성과 투명성입니다. 디지털 기술을 활용한 유비쿼터스 리더십은 효율성을 향상시키고 조직의 운영을 더 투명하게 만듭니다.

제2항. 유비쿼터스 리더십의 도전 과제와 기회

가. 유비쿼터스 리더십의 도전 과제

첫째, 정보 과부하와 의사소통 부작용입니다. 지나치게 많은 정보와 의사소통이 혼란을 야기할 수 있습니다.

둘째, 프라이버시와 보안 문제입니다. 정보의 유동성은 보안과 개인 정보 보호 문제를 야기할 수 있습니다. 실시간 정보 공유와 개인 정보 보호 사이의 균형을 유지해야 합니다.

셋째, 원격 근무와 커뮤니케이션의 부재입니다. 비대면 환경에서 커뮤니케이션 부재가 생길 수 있으므로 리더는 효과적인 의사소통 도구와 방법을 찾아야 합니다.

넷째, 문화적 차이입니다. 다양한 문화와 가치관을 가진 팀 간의 원활한 소통이 필요합니다.

다섯째, 디지털 기술 역량의 부족입니다. 일부 리더들은 디지털 기술에 대한 역량이 부족할 수 있습니다. 이를 극복하기 위해 꾸준한 교육과 역량 강화가 필요합니다.

나. 기회

첫째, 글로벌 역량 강화입니다. 유비쿼터스 리더십은 국제적인 연결을 강조하며 글로벌 시장에서의 기회를 활용할 수 있습니다.

둘째, 창의성과 혁신입니다. 다양한 의견과 아이디어를 쉽게 수집하고 통합하여 혁신적인 솔루션을 찾을 수 있습니다.

유비쿼터스 시대에서는 리더십의 역할과 중요성이 변화하고 있습니다. 유비쿼터스 리더십은 혁신과 디지털화를 주도하며 조직의 경쟁력을 향상시킬 수 있는 핵심 역할을 합니다. 하지만 이를 위해서는 디지털 기술에 대한 이해와 적응력, 데이터 주도적 의사 결정 능력 등을 갖추어야 합니다.

제3절. 유비쿼터스 리더십 성공 요소

유비쿼터스 시대는 디지털 기술의 급속한 발전으로 인해 비즈니스와 사회의 모든 측면에 혁명적인 변화를 가져왔습니다. 이로 인해 리더십 역시 새로운 패러다임으로 진화하고 있으며, 전통적인 리더십 모델에서 혁신적인 유비쿼터스 리더십 모델로의 전환이 필요합니다. 이 절에서는 유비쿼터스 시대의 리더십 변화와 그에 따른 성공 요소들을 다루고자 합니다.

제1항. 유비쿼터스 리더십의 성공을 위한 핵심 요소

첫째, 디지털 역량입니다. 유비쿼터스 리더십의 핵심은 디지털 역량입니다. 리더는 현대의 디지털 기술을 이해하고, 데이터 분석과 인공 지능 등의 도구를 활용하여 의사 결정을 내릴 수 있어야 합니다. 또한, 디지털 변화에 민첩하게 대응하고 조직 내 디지털 전략을 개발하고 실행할 수 있는 능력이 필요합니다.

둘째, 데이터 기반 의사 결정입니다. 유비쿼터스 시대에서는 데이터가 중요한 자원으로 부상하였습니다. 리더는 데이터를 수집하고 분석하여 미래를 예측하고 전략적인 의사 결정을 내릴 수 있어야 합니다. 데이터 기반 의사 결정은 기업의 경쟁력을 높이는 중요한 요소가 되었습니다.

셋째, 개방적인 의사소통입니다. 유비쿼터스 시대에서는 정보의 흐름이 빠르고 개방적입니다. 리더는 조직 내외의 다양한 이해관계자와 효과적으로 의사소통할 수 있어야 합니다. 개방적인 의사소통은 아이디어 공유, 협력, 그리고 문제 해결을 촉진하며 조직의 혁신력을 향상시킵니다.

넷째, 커뮤니케이션 스킬과 협업 능력입니다. 유비쿼터스 시대에서 리더는 더 많은 사람들과 더 자주 커뮤니케이션해야 합니다. 가상 업무 환경에서도 효과적인 커뮤니케이션은 핵심 역량 중 하나입니다. 비디오 회의, 메시징 플랫폼, 소셜 미디어 등을 통해 다양한 방식으로 효과적으로 의사소통할 수 있어야 합니다. 리더는 효과적인 커뮤니케이션과 협업 능력을 바탕으로 다양한 팀과 조직 간의 시너지를 창출해야 합니다.

다섯째, 다양성과 포용성입니다. 유비쿼터스 리더십은 다양성과 포용성을 존중하고 즐길 수 있는 리더십 모델을 요구합니다. 다양한 배경과 관점을 가진 다양한 팀원들을 존중하고 리더는 그들의 다양성을 활용하여 창의적인 솔루션을 찾아야 합니다. 이는 조직의 혁신과 성과 향상에 긍정적인 영향을 미칩니다.

여섯째, 변화 관리 능력입니다. 유비쿼터스 시대에서는 빠른 변화가 불가피합니다. 리더는 불확실성과 빠른 변화에 대응하는 데 능숙해야 합니다. 변화 관리 능력은 조직 구성원들에게 안정감을 제공하고 새로운 기회를 탐색할 수 있는 기반이 됩니다. 조직 내 변화를 주도하고, 직원들의 변화에 대한 저항을 관리하며 새로운 아이디어와 접근 방식을 적극 수용해야 합니다.

일곱째, 유연성과 적응력입니다. 유비쿼터스 리더십은 변화에 빠르게 적응하고 유연하게 대처할 수 있는 능력을 요구합니다. 불확실한 환경에서도 안정적으로 조직을 이끌며, 변화에 대한 저항 없이 변화를 수용하고 추진할 수 있어야 합니다.

여덟째, 윤리적 리더십입니다. 유비쿼터스 시대에서 윤리적인 리더십은 더욱 중요합니다. 리더는 데이터의 보안과 개인 정보 보호를 존중하고 조직의 사회적 책임을 이행해야 합니다. 윤리적 리더십은 기업의 이미지를 향상시키고 장기적인 성공을 보장합니다.

아홉째, 리더십 스타일의 변화입니다. 유비쿼터스 시대에서의 리더십은 과거의 명령적인 스타일에서 더 협력적이고 팀 중심으로의 이동을 요구합니다. 리더는 팀원들의 의견을 존중하고 공감 능력을 키워야 합니다. 또한 리더의 역할은 지휘자에서 조언자와 멘토로 변화하고 있으며, 팀원들의 역량을 향상시키는 데 집중해야 합니다.

제2항. 유비쿼터스 리더십의 성공 요인

첫째, 학습과 성장입니다. 유비쿼터스 리더는 지속적인 학습과 개인적인 성장을 추구해야 합니다. 기술과 환경의 변화에 대응하기 위해서는 새로운 지식과 기술을 습득하는 노력이 필수적입니다.

둘째, 협업 능력입니다. 유비쿼터스 리더는 다양한 배경을 가진 팀원들과 협력하고 협업 능력을 키워야 합니다. 분산된 팀과의 협업은 커뮤니케이션과 조정 능력을 요구합니다.

셋째, 윤리적 리더십입니다. 유비쿼터스 리더십은 윤리적으로 투명하고 책임감 있는 리더십을 강조합니다. 정보와 데이터를 다룰 때 윤리적인 원칙을 준수해야 합니다.

유비쿼터스 시대에서의 리더십은 디지털 역량, 데이터 기반 의사 결정, 개방적인 의사소통, 효과적인 커뮤니케이션 스킬, 다양성과 포용성, 변화 관리 능력, 유연성, 그리고 윤리적 리더십 등 다양한 요소들을 종합적으로 갖추어야 합니다. 이러한 성공 요소들을 토대로 리더는 변화하는 환경에서도 지속적인 성과를 창출하며 조직을 성공으로 이끌 수 있을 것입니다.

제4절. 전통적인 리더십과의 비교

전통적인 리더십과 유비쿼터스 리더십의 차이점을 분석하고, 유비쿼터스 시대의 리더십이 어떻게 변화하고 있는지 살펴보겠습니다.

제1항. 리더십의 개념 비교

가. 전통적인 리더십

전통적인 리더십은 주로 계층적이며 중앙 집중적인 특징을 가집니다. 조직의 지휘관 또는 관리자가 통제하고 결정을 내리며, 정보와 권한은 상대적으로 제한적으로 공유됩니다.

나. 유비쿼터스 시대의 리더십

유비쿼터스 시대에서는 팀원들이 지리적으로 분산되어 근무할 수 있기 때문에 가상 팀 관리 능력이 중요합니다. 유비쿼터스 시대는 다양한 문화와 배경을 가진 사람들이 연결되는 시대이므로 리더는 이러한 다양성을 존중하고 포용하는 능력이 요구됩니다. 유비쿼터스 시대의 리더십은 네트워크적이고 탈중앙화와 공유를 강조합니다. 정보와 데이터는 다양한 출처에서 실시간으로 수집되고, 의사 결정은 더욱 다양한 인력과 협력자들과 함께 이루어집니다.

제2항. 리더십의 주요 특성 비교

전통적인 리더십과 유비쿼터스 리더십의 주요 특성을 비교하면 다음과 같습니다.

주요 특성	전통적인 리더십	유비쿼터스 리더십
결정 속도	의사 결정은 일반적으로 상위 관리자나 리더의 승인을 필요로 하므로 결정이 느릴 수 있습니다.	데이터와 정보의 실시간 접근으로 인해 의사 결정이 빠르며 민첩성을 강조합니다.
정보 공유	정보는 주로 리더와 일부 주요 인력에게 제한되고, 상위에서 하위로 흐릅니다.	정보와 데이터는 조직 내 모든 구성원과 외부 협력자에게 공유되며, 투명성을 촉진합니다.
조직 구조	계층적이며 중앙 집중적인 조직 구조가 일반적입니다.	네트워크와 팀 중심의 유연한 구조가 채택되며, 자율성을 강조합니다.
의사 소통 방식	주로 단방향적인 의사소통에 의존합니다. 리더가 아래로 지시하고 부하가 수행하는 구조였습니다.	다방향 커뮤니케이션이 중요시됩니다. 리더는 팀원들과 연결성을 유지하고 열린 대화를 촉진해야 합니다. 소셜 미디어 및 협업 도구의 등장으로 조직 내외에서의 의사소통이 활발해지고 있습니다.

의사 결정	전통적인 직권과 경험, 그리고 제한된 정보를 토대로 결정을 내렸습니다.	실시간 데이터와 분석을 활용하여 빠르고 정확한 의사 결정이 필요합니다. 리더는 데이터를 수집하고 분석하여 더 나은 의사 결정을 내리는 데 활용해야 합니다.
리더의 역할	전통적인 계층적 구조에서는 주로 지시자 역할을 했습니다.	멘토로서의 역할, 직원들의 역량 개발에 더 중점을 둬야 합니다. 유비쿼터스 시대에서는 자기주도적인 팀원들과의 협업이 중요합니다. 리더는 팀원들에게 자유로운 업무 스타일을 허용하고 그들의 능력을 인정해야 합니다.
계획성 vs. 유연성	전통적인 리더십은 안정성과 계획성을 중시했습니다.	유비쿼터스 시대에서는 변화가 빠르게 일어나기 때문에 리더는 유연성과 적응력을 가지고 있어야 합니다. 리더는 새로운 기술과 트렌드를 이해하고 조직을 그에 맞게 조정할 수 있어야 합니다.
전통 vs. 포용성	단일 문화나 전통에 기반한 조직 문화가 강조되었습니다.	다양한 문화와 배경을 가진 팀원들과 일하는 능력은 중요합니다. 유비쿼터스 시대에서는 다양성과 포용성을 통해 창조적이고 혁신적인 아이디어를 유발하는 것이 중요합니다.

이상과 같이 유비쿼터스 시대의 리더십은 전통적인 리더십 모델과 비교하여 많은 차이점을 가지고 있습니다. 유비쿼터스 시대에서는 실시간 커뮤니케이션과 정보 접근성의 증가로 리더들은 빠른 의사 결정과 다양한 역량을 필요로 하며, 팀의 분산 근무와 다양성 관리 능력이 강조되고

있습니다. 이제 리더는 단순한 명령과 통제자가 아니라 커뮤니케이션의 중심 역할을 하며, 유연하고 적응력 있는 방식으로 조직을 이끌어야 합니다. 또한 다양성과 데이터 기반의 의사 결정, 자기주도적인 학습, 다양한 팀원들과의 협업 등이 강조되고 있습니다.

제2장

유비쿼터스 리더십의 핵심 요소

제1절. 디지털 기술 이해와 적용 역량

유비쿼터스 리더십은 디지털 기술의 이해와 그것을 조직적으로 적용하는 역량에 중점을 두고 있습니다. 이 절에서는 유비쿼터스 리더십의 핵심 요소로서 디지털 기술 이해와 적용 역량에 대해 논의하겠습니다.

제1항. 디지털 기술 이해의 중요성

디지털 기술은 현대 비즈니스의 핵심 요소로 자리 잡았습니다. 디지털 시대의 리더는 현재의 기술 트렌드와 향후 기술 발전을 이해하는 능력이 필수입니다. 이를 통해 리더는 조직의 디지털 전략을 개발하고 수립할 수 있으며, 다양한 디지털 기술을 효과적으로 활용할 수 있습니다. 예를 들어, 클라우드 컴퓨팅, 빅데이터 분석, 인공 지능, 사물인터넷 등의 기술을 이해하고, 이러한 기술이 조직의 비즈니스 모델과 어떻게 연계되는지 파악해야 합니다. 이러한 디지털 기술을 이해하는 리더는 조직 내에서 혁신적인 아이디어를 발굴하고 구체화할 수 있습니다.

제2항. 디지털 기술 적용 역량의 중요성

디지털 기술을 이해하는 것만으로는 충분하지 않습니다. 리더들은 이를 조직의 전략과 결합하여 실제 비즈니스 문제에 적용할 수 있는 능력이 필요합니다. 디지털 기술의 적용은 새로운 비즈니스 모델을 창출하거나 프로세스를 혁신하여 효율성을 극대화할 수 있는 도구입니다.

가. 인공 지능 활용

어떤 기업의 CTO가 인공 지능을 활용하여 고객 서비스 부서의 응답 시간을 단축했습니다. 고객의 질문에 대답하는 데 걸리는 시간이 절반으로 줄어들어 고객 만족도가 향상되었고, 동시에 인력 비용도 절감되었습니다.

나. 블록체인 기술 이해

한 기업의 CTO가 블록체인 기술을 이해하고 이를 활용하여 공급망의 투명성을 향상시키는 프로젝트를 성공적으로 이끌었습니다. 결과적으로 불법 활동 감지가 증가하고 원가가 절감되었습니다.

제2절. 데이터 기반 의사 결정과 예측 역량

유비쿼터스 리더십은 데이터 기반 의사 결정과 예측 역량에 주목하며 조직을 효과적으로 이끄는 데 필수적입니다. 이 절에서는 유비쿼터스 리더십의 핵심 요소로서, 데이터 기반 의사 결정과 예측 역량을 강화하는 방법에 대해 논의하겠습니다.

제1항. 데이터 기반 의사 결정

가. 데이터의 중요성

유비쿼터스 리더십에서 데이터는 핵심 자원입니다. 데이터는 조직의 모든 측면에서 생성되며, 이를 분석하고 활용함으로써 전략적인 이점을 얻을 수 있습니다. 예를 들어, 기업은 고객 데이터를 분석하여 소비자 행동을 이해하고 마케팅 전략을 최적화할 수 있습니다. 예: Amazon은 고객 구매 이력을 분석하여 제품 추천을 개선하고 배송 및 재고 관리를 최적화하여 효율성을 향상시켰습니다.

나. 데이터 기반 의사 결정

유비쿼터스 리더는 데이터를 기반으로 의사 결정을 내리는 능력을 갖춰야 합니다. 이것은 직관적인 결정보다 데이터에 근거한 결정을 선호하고 이행하는 것을 의미합니다. 데이터 기반 의사 결정은 조직 내에서 신속하고 정확한 의사 결정을 가능하게 합니다. 예: Netflix는 사용자 데이터를 기반으로 맞춤형 콘텐츠 제안을 제공하여 고객 충성도를 향상시켰습니다. 이를 통해 회원 수와 수익성을 크게 증가시켰습니다.

다. 데이터 기반 의사 결정의 중요성

데이터 기반 의사 결정은 유비쿼터스 리더십의 핵심 요소 중 하나입니다. 데이터 기반 의사 결정은 다음과 같은 이점을 제공합니다.

첫째, 정확한 정보입니다. 데이터 기반 의사 결정은 더 정확하고 고객 시각의 정보에 기반합니다.

둘째, 실시간 분석입니다. 데이터를 사용하면 조직은 현재의 상황을 실시간으로 이해하고 대응할 수 있습니다.

셋째, 예측 가능성입니다. 데이터 기반 접근은 미래 예측을 개선하고 조직이 변화에 대응할 수 있는 민첩성을 높입니다.

라. 데이터 기반 의사 결정을 강화하는 방법

유비쿼터스 리더는 데이터 기반 의사 결정 능력을 향상시키기 위해 다음과 같은 조치를 취할 수 있습니다.

첫째, 데이터 수집 및 저장 인프라 개선입니다. 데이터 수집 및 저장 인프라를 강화하여 필요한 정보를 신속하게 수집하고 보관합니다.

둘째, 분석 역량 강화입니다. 리더와 팀은 데이터 분석 기술을 학습하고 개발하여 데이터를 해석하고 유용한 통찰을 얻을 수 있어야 합니다.

셋째, 문화 변화 촉진입니다. 데이터 기반 의사 결정 문화를 조직 내에 정착시키기 위해 리더는 변화를 주도하고 팀원들을 교육하며 문화 변화를 촉진해야 합니다.

제2항. 예측 역량

가. 예측 역량의 중요성

유비쿼터스 리더는 미래를 예측하는 능력을 개발해야 합니다. 데이터를 기반으로 향후 동향과 가능한 시나리오를 예상하는 것은 조직의 대응 능력을 향상시킵니다. 예측 역량은 위험 관리와 기회 식별에 도움이 됩니다. 예를 들어, 생산 부문의 리더가 재고와 수요 데이터를 기반으로 원자재를 미리 조달함으로써 공급망의 효율성을 높일 수 있습니다. 예: Google은 검색 데이터와 트렌드 분석을 통해 향후 인터넷 검색 동향을 예측하고 마케팅 전략을 조정합니다.

나. 기술과 도구 활용

유비쿼터스 리더십을 위해서는 현대 기술과 데이터 분석 도구를 이해하고 활용해야 합니다. 클라우드 컴퓨팅, 빅데이터 분석, 머신러닝, 인공지능 등의 기술은 데이터 기반 의사 결정과 예측 역량을 향상시키는 데 필수적입니다. 예: Tesla는 자동 운전 시스템에 머신러닝과 신경망 기술을 적용하여 차량 성능을 지속적으로 개선하고 있습니다.

제3절. 다양한 커뮤니케이션 도구와 스킬의 활용

유비쿼터스 리더십은 언제 어디서나, 어떤 상황에서도 효과적으로 리더십 역할을 수행할 수 있는 능력을 강조하는 것입니다. 이 절에서는 유비쿼터스 리더십의 핵심 요소 중 하나인 다양한 커뮤니케이션 도구와 스킬의 활용에 초점을 맞추어 설명하겠습니다.

제1항. 다양한 커뮤니케이션 도구

가. 이메일

이메일은 장거리 커뮤니케이션에 매우 유용한 도구입니다. 리더는 중요한 정보를 팀원들에게 전달하거나 진행 중인 프로젝트에 대한 업데이트를 제공할 때 이메일을 사용하여 효율성을 높일 수 있습니다. 예를 들어, 긴급한 문제가 발생한 경우, 이메일을 통해 빠르게 대응할 수 있는 계획을 세울 수 있습니다.

나. 비디오 회의

비디오 회의는 원격 팀 간의 상호 작용을 강화하는 데 중요한 역할을 합니다. 리더는 팀원들과 얼굴을 보며 대화할 때 비디오 회의를 사용하여 팀원들의 표정과 제스처를 파악하고, 의사소통의 부정확성을 줄일 수 있습니다. 또한 화면 공유 기능을 통해 정보를 시각적으로 공유하고 이해를 도울 수 있습니다.

다. 메신저 앱

메신저 앱은 실시간 대화와 빠른 정보 공유를 가능하게 합니다. 리더는 팀원들과 쉽게 소통하고 긴밀한 관계를 유지하기 위해 메신저 앱을 활용할 수 있습니다. 예를 들어, 특정 문제에 대한 신속한 답변을 얻기 위해 메신저 앱을 활용할 수 있습니다.

라. 소셜 미디어

소셜 미디어 플랫폼은 조직과 고객 사이의 상호 작용을 용이하게 합니다. 리더는 소셜 미디어를 활용하여 브랜드 이미지를 관리하고 고객 피드백을 수렴할 수 있습니다. 예를 들어, 새로운 제품 출시에 대한 고객 의견을 소셜 미디어에서 모니터링할 수 있습니다.

제2항. 다양한 커뮤니케이션 스킬의 활용

첫째, 리스닝 스킬(Listening Skills)입니다. 유비쿼터스 리더는 팀원들의 의견과 관심을 듣고 이해하는 데 중요한 역할을 합니다. 리더십은 단방향 커뮤니케이션 이상으로 양방향 대화의 중요성을 강조합니다. 리더는 리스닝 스킬을 향상시켜 팀원들의 의견을 존중하고 조직의 결정에 반영할 수 있습니다.

둘째, 피드백(Feedback) 제공입니다. 피드백은 성장과 개선의 핵심입니다. 리더는 팀원들에게 효과적인 피드백을 제공하여 개인 및 팀의 성과를 향상시킬 수 있습니다. 이때, 피드백은 건설적이고 명확해야 하며, 팀원의 역량을 인정하면서도 개선점을 지적하는 방식으로 이루어져야 합니다.

셋째, 커뮤니케이션 유연성입니다. 리더는 상황에 따라 커뮤니케이션 스타일을 조절할 수 있어야 합니다. 언제든지 어떤 상황에서도 효과적으로 의사소통할 수 있는 능력은 유비쿼터스 리더십의 핵심입니다. 예를 들어, 긴급한 문제에 대처할 때는 간결하고 빠른 커뮤니케이션을 택하고, 큰 그림을 설명해야 할 때는 전략적인 커뮤니케이션을 사용할 수 있습니다.

제3항. 다양한 커뮤니케이션 도구와 스킬의 활용

첫째, 온라인 협업 플랫폼 활용입니다. 유비쿼터스 리더는 팀원들과 협업을 위해 온라인 플랫폼을 적극적으로 활용합니다. 예를 들어, Slack, Microsoft Teams, 또는 Google Workspace와 같은 도구를 사용하여 실시간 채팅, 문서 공유, 프로젝트 관리를 효과적으로 수행할 수 있습니다.

둘째, 비대면 회의 기술 습득입니다. 비대면 환경에서도 효과적인 회의를 위해 리더는 온라인 회의 도구의 다양한 기능을 숙지하고 활용해야 합니다. 화면 공유, 토론 모드, 음성 및 비디오 기능 등을 활용하여 팀원들과 원활한 의사소통을 유지합니다.

셋째, 소셜 미디어 및 블로그 활용입니다. 리더는 소셜 미디어 플랫폼과 블로그를 통해 조직 내 소식, 비전, 목표 등을 공유하고 투명한 의사소통을 지원합니다. 이를 통해 조직 구성원들과 고객들과의 소통을 강화하고 피드백을 수렴할 수 있습니다.

넷째, 가상 현실과 증강 현실 활용입니다. 가상 현실(VR)과 증강 현실(AR)은 멀티미디어를 결합한 형태로 리더가 아이디어와 비전을 시각화하고 공유하는 데 유용합니다. 제품 디자인, 프로젝트 계획, 교육 등 다양한 상황에서 활용 가능합니다.

다섯째, 비대면 팀 프로젝트 관리입니다. 유비쿼터스 리더는 프로젝트 관리를 위해 Trello나 Asana와 같은 온라인 협업 툴을 사용하여 업무를 할당하고 추적합니다. 매주 Zoom 회의를 통해 팀원들과 진행 상황을 공유하고 문제를 해결하며, 필요한 정보는 온라인 문서로 공유합니다.

제4절. 실시간 의사소통과 협업 역량

현대 조직은 급변하는 비즈니스 환경에서 경쟁력을 유지하고 성장하기 위해 빠르고 효과적인 의사 결정과 협업이 필요합니다. 이에 따라 리더들은 유비쿼터스 리더십을 통해 조직 내외에서 실시간 의사소통과 협업을 강화하는 것이 중요해졌습니다. 이 절에서는 유비쿼터스 리더십의 핵심 요소인 실시간 의사소통과 협업에 대해 다루고, 성공적인 사례와 함께 이를 설명하겠습니다.

제1항. 실시간 의사소통 개념

실시간 의사소통은 유비쿼터스 리더십의 핵심 요소 중 하나로, 조직 내부의 팀원들이 언제 어디서든 빠르게 의사소통할 수 있음을 의미합니다. 이는 의사 결정의 속도를 높이고 문제 해결을 빠르게 할 수 있는 장점을 갖습니다. 예를 들어, 긴급한 프로젝트 문제가 발생한 경우 리더는 모바일 메신저나 업무 플랫폼을 통해 팀원들과 실시간으로 소통하고, 문제의 심각성과 대응책을 빠르게 논의하여 신속한 대처를 할 수 있습니다.

사례 1. 실시간 고객 지원

고객 서비스 부서의 유비쿼터스 리더는 다양한 채널을 통해 고객의 질문과 요구 사항에 신속하게 응답합니다. 이메일, 채팅, 소셜 미디어 및 전화를 통한 실시간 의사소통은 고객 만족도를 높이고, 문제를 신속하게 해결할 수 있도록 합니다.

사례 2. 급격한 시장 변화 대응

스타트업 기업의 CEO가 매일 아침 짧은 회의를 통해 팀원들과 그날의 우선순위 사항을 논의하고, 급변하는 시장 동향을 공유합니다. 이를 통해 팀은 빠르게 의사 결정을 내릴 수 있으며, 조직이 시장에서 민첩하게 움직일 수 있습니다.

제2항. 협업의 중요성

유비쿼터스 리더십에서 협업은 또 다른 핵심 요소입니다. 유비쿼터스 리더십은 물리적인 제약을 넘어 조직 내외의 다양한 위치에서 협업이 가능하도록 해 줍니다. 팀 간 협력과 지식 공유는 조직 내에서 혁신을 촉진하고 업무 효율성을 향상시킵니다. 모든 구성원이 자유롭게 의견을 나누고 아이디어를 제시할 수 있는 환경을 조성하는 것이 중요합니다. 이는 업무 효율성을 높이고 창의성을 촉진하는 데 도움이 됩니다. 예를 들어, 다양한 지역에 팀원이 흩어져 있는 경우 비대면 협업 도구를 활용하여 가상 회의와 실시간 문서 공유를 통해 아이디어를 공유하고 토의할 수 있습니다.

사례 1. 프로젝트 팀 협업

프로젝트 관리자는 프로젝트 관련 업무에 대한 협력을 촉진하기 위해 협업 도구를 활용합니다. 예를 들어, 온라인 프로젝트 관리 플랫폼을 사용하여 팀원들 간의 업무 할당, 작업 일정 관리, 문서 공유 및 피드백 제공을 용이하게 합니다.

사례 2. 다양한 플랫폼을 활용한 협업

글로벌 기업의 부장은 온라인 협업 플랫폼을 활용하여 서로 다른 대륙에 있는 팀원들과 프로젝트를 추진합니다. 이를 통해 지역적인 제약을 극복하고 전세계 팀원들과 지식을 공유하여 혁신을 촉진합니다.

제3항. 성공 사례

사례 1. 실시간 커뮤니케이션 도구 활용

Z 컴퍼니는 Slack과 같은 실시간 메신저를 통해 팀원들이 언제든지 소통하고 정보를 교환할 수 있도록 하고 있습니다. 이를 통해 긴급한 문제에 신속하게 대응하고 아이디어를 공유할 수 있습니다.

사례 2. 클라우드 기반 협업 도구

회사 내 모든 문서와 프로젝트를 클라우드에 저장하고 공유함으로써, 팀원들은 어떤 장소에서든 문서를 열람하고 편집할 수 있습니다. Google Workspace나 Microsoft 365와 같은 도구를 활용하여 실시간 공동 작업을 가능하게 합니다.

사례 3. 가상 회의와 워크샵

Z 컴퍼니는 비대면 회의와 워크샵을 주기적으로 개최하여 지리적으로 떨어져 있는 팀원들도 의견을 공유하고 아이디어를 발전시킬 수 있는 기회를 제공합니다. 이를 통해 참여와 협업을 촉진합니다.

제5절. 비즈니스 영역의 이해와 네트워킹 역량

유비쿼터스 리더십은 리더가 고객, 경쟁사, 기술 및 조직의 동향을 포괄적으로 이해하고, 이러한 정보를 활용하여 조직을 효율적으로 운영하고 성장시키는 데 필수적인 역할을 해야 합니다. 이 절에서는 유비쿼터스 리더십의 핵심 요소로서, 비즈니스 영역의 이해와 네트워킹 역량에 대해 자세히 살펴보겠습니다.

제1항. 비즈니스 영역의 이해

첫째, 산업 동향 파악입니다. 비즈니스 영역의 이해는 산업 동향에 대한 통찰력을 가지는 것으로 시작합니다. 예를 들어, 스마트 모빌리티 분야에서 리더십을 발휘하는 조직의 경우, 자율 주행 자동차 기술, 환경 규제, 소비자 행동 등의 산업 동향을 철저히 파악해야 합니다. 그리고 이러한 정보를 기반으로 전략을 개발하고 경쟁 우위를 확보해야 합니다.

둘째, 기술 동향 파악입니다. 기술은 현대 비즈니스에서 중요한 역할을 합니다. 유비쿼터스 리더는 최신 기술 동향을 주시하고 조직에 적용할 수 있는 기회를 찾아야 합니다. 예를 들어, 인공 지능 및 자동화 기술을 활용하여 생산성을 향상시키고 비용을 절감하는 방법을 고려할 수 있습니다.

셋째, 시장 분석입니다. 유비쿼터스 리더는 비즈니스 영역을 효과적으로 이해하기 위해 시장 분석을 수행해야 합니다. 시장 분석은 경쟁사의 동향, 고객의 요구 사항, 소비자 행동 및 시장 세분화와 같은 핵심 정보를 제공합니다. 예를 들어, 신제품 개발을 고려할 때, 해당 시장 세그먼트에서의 수요 및 경쟁 상황을 분석하여 올바른 의사 결정을 내릴 수 있습니다.

넷째, 비즈니스 모델 이해입니다. 비즈니스 리더는 조직의 비즈니스 모델을 완전히 이해해야 합니다. 이는 수익 모델, 비용 구조, 가치 제안 및 수직 통합 정도를 포함합니다. 비즈니스 모델 이해를 통해 리더는 새로운 비즈니스 기회를 식별하고 기존 모델을 개선할 수 있습니다.

다섯째, 경쟁사와의 비교입니다. 비즈니스 영역의 이해는 경쟁사와의 비교를 통해 더욱 강화됩니다. 예를 들어, 경쟁사의 제품과 서비스를 분석하고 자사의 장점과 단점을 정확하게 파악함으로써 경쟁 우위를 확보할 수 있습니다. 이를 통해 조직은 새로운 제품 개발, 마케팅 전략, 가격 정책 등을 개선하고 조정할 수 있습니다.

제2항. 네트워킹 역량

첫째, 내부 네트워킹입니다. 내부 네트워킹은 조직 내부에서 지식과 정보를 효과적으로 공유하고 활용하는 것을 의미합니다. 예를 들어, 프로젝트 관리팀은 업무에 필요한 정보를 다른 부서와 공유하고, 이를 토대로 효율적인 프로젝트 실행을 위한 계획을 수립할 수 있어야 합니다.

둘째, 외부 네트워킹입니다. 외부 네트워킹은 조직 외부의 리더, 전문가, 고객, 협력사와의 관계 구축을 포함합니다. 비즈니스 성공을 위해서는 외부 네트워크를 통해 새로운 기회를 발견하고 리더십을 유지하는 것이 중요합니다. 예를 들어, 스마트 모빌리티 기업은 정부 규제 기관과의 관계를 강화하고 협력하여 규제에 대한 영향을 관리해야 합니다.

셋째, 내외부 네트워크 구축입니다. 유비쿼터스 리더는 내외부 네트워크를 효과적으로 구축하고 유지하는 능력이 필요합니다. 내부 네트워크는 조직 내 다양한 부서 및 팀 간의 협력을 촉진하고 정보 공유를 촉진합니다. 외부 네트워크는 파트너사, 고객 및 업계 동료와의 관계를 구축하여 비즈니스 기회를 확장하고 경쟁력을 향상시킵니다.

넷째, 리더십 및 커뮤니케이션 스킬입니다. 유비쿼터스 리더는 탁월한 리더십과 커뮤니케이션 스킬을 갖추어야 합니다. 이는 팀을 이끄는 능력과 아이디어를 명확하게 전달하는 능력을 의미합니다. 리더십 스킬을 통해 팀원들은 비전을 공유하고 목표를 달성하기 위해 협력할 수 있습니다.

제6절. 개인과 팀의 자기주도적 학습과 성장 능력

유비쿼터스 리더십은 리더가 조직 내에서 개인과 팀이 지속적으로 발전하고 성장하도록 자기주도적 학습과 성장 능력을 개발하는 데 중요한 역할을 해야 합니다. 이 절에서는 유비쿼터스 리더십의 핵심 요소로서 개인과 팀의 자기주도적 학습과 성장 능력을 살펴보고자 합니다.

제1항. 개인의 자기주도적 학습

가. 개인의 자기주도적 학습의 중요성

유비쿼터스 리더는 먼저 개인의 책임감을 가지고 있어야 합니다. 자기주도적 학습은 개인이 자신의 역량을 개선하고 지식을 확장하는 데 필수적인 요소 중 하나입니다. 이를 통해 리더는 조직 내에서 더 높은 신뢰와 존경을 얻을 수 있습니다. 예를 들어, 리더가 새로운 기술을 배우고 이를 조직에 적용함으로써 기술적인 선도성을 유지할 수 있습니다.

나. 개인의 자기주도적 학습의 형태

자기주도적 학습은 다양한 형태로 나타납니다. 이러한 형태에는 독서, 온라인 강의 수강, 동료와의 지식 공유, 새로운 프로젝트에 도전하는 등이 포함됩니다. 예를 들어, 리더는 업계 동향을 파악하고 자사의 역량을 향상시키기 위해 주기적으로 관련 도서를 읽을 수 있습니다.

다. 개인의 자기주도적 학습의 특성

첫째, 호기심과 개방성입니다. 유비쿼터스 리더는 새로운 아이디어와 지식을 탐구하며, 학습에 대한 욕구가 강합니다. 또한, 리더는 새로운 아이디어를 받아들이고, 다양한 시각과 의견에 열린 태도를 가집니다.

둘째, 자신에 대한 신뢰입니다. 유비쿼터스 리더는 자기 자신에게 대한 믿음을 가지며 어떤 도전에도 도전할 자신이 있습니다.

셋째, 목표 설정과 계획입니다. 유비쿼터스 리더는 개인의 학습 목표를 설정하고, 그 목표를 달성하기 위한 계획을 세우며 지속적으로 진화시킵니다. 예를 들어, 새로운 기술을 습득하거나 리더십 역량을 향상시키기 위한 목표를 설정할 수 있습니다.

넷째, 자기 평가 및 피드백 수용입니다. 유비쿼터스 리더는 자기 성과를 평가하고 다른 사람의 피드백을 수용하는 능력을 기를 필요가 있습니다. 이를 통해 약점을 개선하고 강점을 더욱 강화할 수 있습니다.

다섯째, 지속적인 학습입니다. 유비쿼터스 리더는 기술과 지식을 지속적으로 습득해야 합니다. 뉴스, 블로그, 온라인 강의 등을 통해 최신 정보에 접근하고 전문 지식을 확장할 수 있습니다.

제2항. 팀의 자기주도적 학습과 성장

가. 팀의 자기주도적 학습의 중요성

첫째, 지식 공유와 협업입니다. 팀 구성원은 배운 지식과 경험을 공유함으로써 팀 전체의 학습을 촉진합니다. 또한, 팀은 공동의 목표를 달성하기 위해 협력하며, 서로의 강점을 살려 발전시킵니다.

둘째, 건설적인 피드백 문화입니다. 팀원들은 서로에게 건설적인 피드백을 주고받음으로써 개인과 팀의 성장을 돕습니다.

셋째, 지속적인 평가와 개선입니다. 팀은 주기적으로 자신들의 성과와 프로세스를 검토하며 지속적인 개선을 위해 노력합니다.

나. 팀의 자기주도적 학습의 형태

첫째, 팀 문화 구축입니다. 유비쿼터스 리더는 팀 내에서 자기주도적 학습과 성장을 촉진하는 문화를 구축해야 합니다. 이를 위해 리더는 팀원들에게 학습과 실험을 격려하고, 실수를 허용하며, 지식을 공유하는 환경을 조성해야 합니다. 예를 들어, 회의나 워크샵에서 팀원들에게 새로운 아이디어를 제시하고, 토론을 통해 아이디어를 발전시킬 수 있습니다.

둘째, 자원 제공입니다. 유비쿼터스 리더는 팀원들이 자기주도적 학습을 할 수 있는 자원을 제공해야 합니다. 이는 교육 자료, 시간, 기술적인 지원 등을 포함합니다. 예를 들어, 리더는 팀원들에게 교육 예산을 할당하고, 필요한 교육 자료나 도구를 제공할 수 있습니다.

다. 팀의 자기주도적 학습의 특성

첫째, 공유와 협력입니다. 팀원 간 지식을 공유하고 협력하는 문화를 조성해야 합니다. 이를 통해 팀은 문제를 해결하고 새로운 아이디어를 발전시킬 수 있습니다.

둘째, 연습과 시행착오입니다. 팀은 새로운 아이디어나 프로젝트를 실행하고 실패와 성공을 통해 학습해야 합니다. 실패를 두려워하지 않고 경험을 통해 성장해야 합니다.

셋째, 피드백 문화입니다. 팀은 피드백을 자주 주고받아야 합니다. 이를 통해 문제를 조기에 발견하고 팀원들의 역량을 개선할 수 있습니다.

제7절. 다양성과 포용력

21세기 현대 사회에서는 조직이나 기업이 성공을 거두기 위해서는 다양성과 포용력을 존중하고 통합하는 능력이 절대적으로 필요합니다. 유비쿼터스 리더십은 모든 지위와 배경에서 비롯된 사람들을 포용하며 다양성을 존중하는 리더십 모델을 지칭합니다. 이 절에서는 유비쿼터스 리더십의 핵심 요소로서 다양성과 포용력에 대해 상세히 살펴보겠습니다.

제1항. 다양성

가. 다양성의 개념

다양성은 인종, 성별, 연령, 문화, 경험, 배경 등 다양한 측면에서 개인들이 서로 다른 특성과 관점을 가지고 있는 상태를 의미합니다. 유비쿼터스 리더십의 핵심은 다양한 배경과 경험을 가진 사람들을 환영하고 그들을 조직 내에서 존중하는 것입니다. 리더는 이러한 다양성을 활용하여 문제를 다양한 시각에서 접근하고 혁신적인 아이디어를 발전시킬 수 있습니다. 예를 들어, 다양한 문화적 배경을 가진 팀은 국제 시장에서 더욱 효과적으로 경쟁할 수 있으며, 다양한 경험을 가진 개인은 복잡한 문제를 해결하는 데 유리합니다.

나. 다양성의 중요성

첫째, 창의성과 혁신입니다. 다양한 배경을 가진 사람들의 다양한 관점과 경험은 창의성과 혁신을 촉진합니다. 서로 다른 아이디어와 접근법이 조합되어 새로운 아이디어와 솔루션을 찾을 수 있습니다.

둘째, 문제 해결 능력입니다. 다양한 사고 방식은 다양한 문제에 대한 해결책을 발굴하는 데 도움을 줍니다. 다양성이 있는 팀은 더 많은 측면에서 문제를 분석하고 대응할 수 있습니다.

셋째, 시장 대응력 향상입니다. 급변하는 시장에서는 다양성 있는 리더십이 중요합니다. 다양한 고객층과 시장 요구를 이해하고 반영하는 조직이 경쟁 우위를 확보할 수 있습니다.

다. 다양성의 역할

첫째, 문화 다양성입니다. 문화 다양성은 유비쿼터스 리더십의 핵심 요소 중 하나입니다. 조직 내에서 다양한 문화적 배경을 가진 인재들이 협력하면, 다양한 아이디어와 관점이 나오게 되어 혁신적인 솔루션을 찾는 데 도움이 됩니다. 예를 들어, 글로벌 기업 Google은 다양한 국적과 문화를 가진 직원들을 채용하여 글로벌 시장에서 성공적으로 경쟁하고 있습니다.

둘째, 성별 다양성입니다. 성별 다양성은 또 다른 중요한 측면입니다.

여성 리더십의 확대와 성별 간 평등은 조직의 혁신 능력을 향상시키고 경쟁 우위를 점하는 데 기여합니다. 예를 들어, IBM의 여성 CEO인 Ginni Rometty는 기술 분야에서 여성 리더로서의 역할을 토대로 기업의 성과를 향상시켰습니다.

제2항. 포용력

가. 포용력의 개념

포용력은 각 개인의 고유한 능력과 특성을 인정하고 존중하는 능력을 의미합니다. 포용력 있는 리더는 팀원들의 의견을 경청하고 그들의 의사소통 스타일을 존중합니다. 이는 팀원들이 자신의 의견을 자유롭게 표현하고, 열린 대화를 통해 문제를 해결하며 조직 내부의 갈등을 줄이는 데 도움이 됩니다. 포용력을 통해 조직 내부에서 다양한 인재들이 동등한 기회와 환경을 누릴 수 있습니다.

나. 포용력의 중요성

첫째, 팀 협업 강화입니다. 포용력이 있는 리더는 모든 구성원이 자신의 의견을 자유롭게 표현하고 참여할 수 있는 환경을 조성합니다. 이는 팀 협업을 강화하고 팀의 성과를 향상시킵니다.

둘째, 탄력성 있는 조직 문화입니다. 포용력을 지향하는 조직은 변화에 더 잘 적응할 수 있는 문화를 형성할 수 있습니다. 새로운 아이디어와 변화에 대한 저항이 줄어들어 조직의 탄력성이 향상됩니다.

셋째, 인재 확보 및 유지입니다. 포용력 있는 조직은 다양한 인재들을 끌어들이고 유지하는 데에 이점이 있습니다. 다양한 배경을 가진 인재들은 자신이 존중받고 발전할 수 있는 환경에서 더 나은 성과를 내는 경향이 있습니다.

다. 포용력의 역할

첫째, 다양한 의견 수렴입니다. 포용력 있는 리더십은 모든 의견을 수용하고 존중하는 능력을 강조합니다. 이는 조직 내에서 열린 의사소통을 촉진하고 모든 구성원이 자신의 의견을 자유롭게 표현할 수 있는 환경을 조성합니다.

둘째, 다양성 인클루전(Diversity Inclusion)입니다. 포용력 있는 리더는 조직 내에서의 모든 다양성 요소를 포용하는 데 집중합니다. 이는 모든 구성원이 자신을 조직의 일부로서 인식하고 소외감을 느끼지 않는 환경을 조성하는 것을 의미합니다.

제8절. 변화 관리 역량

유비쿼터스 시대의 도래로 인해 조직들은 끊임없는 변화와 혁신을 통해 경쟁력을 유지하고 성장해야 합니다. 이러한 환경에서 리더들은 변화 관리 역량과 변혁 리더십의 중요성을 깊이 이해하고 발전시켜야 합니다. 이 절에서는 유비쿼터스 리더십의 핵심 요소로서 변화 관리 역량에 대해 설명하겠습니다.

제1항. 변화 관리 역량

가. 변화 관리 역량의 개념

변화 관리 역량은 조직 내에서 변화를 인식하고 이해하며, 이를 조직에 효과적으로 도입하고 관리하는 능력을 의미합니다. 이는 리더십의 핵심 요소 중 하나로서, 변화를 두려워하지 않고 수용하며 효과적으로 이끌어 내는 능력을 반영합니다.

나. 변화 관리 역량의 주요 특성

변화는 조직 내부 및 외부에서 끊임없이 발생하는 현상입니다. 이에 대응하기 위해 리더들은 변화 관리 역량을 갖추어야 합니다. 변화 관리 역량은 다음과 같은 요소를 포함합니다.

첫째, 비전 제시와 의미 부여입니다. 유비쿼터스 리더는 변화의 목적과 가치를 명확하게 제시하고, 조직 구성원들에게 그 변화의 의미를 설명함으로써 협조와 이해를 도모합니다.

둘째, 소통과 정보 공유입니다. 유비쿼터스 리더는 열린 소통 경로를 유지하며 변화에 관한 정보를 적시에 제공함으로써 불확실성을 감소시킵니다.

셋째, 변화에 대한 대응 능력 강화입니다. 유비쿼터스 리더는 예상치 못한 상황에 대처하기 위한 유연성을 발휘하고, 조직 내부에서 변화에 적응할 수 있는 문화를 조성합니다.

다. 변화 관리 역량 사례

사례 1. 기술 변화

현대 기업들은 기술의 빠른 발전에 직면하고 있습니다. 예를 들어, 클라우드 컴퓨팅 기술의 도입은 기업의 업무 방식을 급속도로 변화시켰습니다. 유비쿼터스 리더는 이러한 기술 변화를 빠르게 파악하고, 조직 내에서 이를 수용하고 적용하는 전략을 개발합니다. 예를 들어, 아마존의 제프 베조스는 클라우드 컴퓨팅 시장을 선도하여 기업의 성공을 이끌어 냈습니다.

사례 2. 조직 문화 변화

조직의 문화를 변화시키는 것은 어려운 일입니다. 그러나 유비쿼터스 리더는 조직 내에서 새로운 가치관과 문화를 촉진하는 역할을 합니다. 예를 들어, 구글의 래리 페이지와 세르게이 브린은 기업 내에서 혁신을 장려하고 실패를 허용하는 문화를 만들어 내었습니다.

제2항. 변혁 리더십

가. 변혁 리더십의 개념

변혁 리더십은 기존의 방식을 뒤집고 혁신을 촉진하는 리더십 스타일입니다. 변혁 리더십은 조직의 현재 상태를 변화시켜 미래의 목표를 달성하기 위한 능력을 의미합니다. 이는 조직을 변화의 선두에 세우고, 비전과 전략을 구체화하며, 구성원들을 변화의 과정에 동참시키는 데 중점을 둡니다.

나. 변혁 리더십의 주요 특성

변혁 리더십은 더 큰 변화와 혁신을 주도하는 능력을 의미합니다. 변혁 리더십은 다음과 같은 요소를 포함합니다.

첫째, 비전 및 목표 설정입니다. 변혁 리더십은 새로운 방향성과 비전을 제시하며, 이를 달성하기 위한 구체적인 목표를 설정합니다.

둘째, 혁신과 실험 장려입니다. 유비쿼터스 리더는 새로운 아이디어와 접근법을 촉진하며 실패를 두려워하지 않는 문화를 조성하여 혁신을 격려합니다.

셋째, 팀 구성과 역할 재정의입니다. 변혁적인 과정에서 리더는 팀의 역할과 책임을 재정의하고, 각 구성원의 잠재력을 최대한 발휘할 수 있는 기회를 제공합니다.

넷째, 열린 마음입니다. 변혁 리더는 새로운 아이디어와 접근법을 환영하고 실패를 두려워하지 않습니다.

다섯째, 문화 변화입니다. 리더는 조직 문화를 변화시키는 역할을 합니다. 이를 통해 조직 내에서 혁신적인 사고와 행동을 촉진합니다.

다. 변혁 리더십 사례

사례 1. 애플의 스티브 잡스

스티브 잡스는 애플을 회사의 기존 제품 라인을 변화시키고 혁신적인 제품을 개발하는 기업으로 만들었습니다. 그의 비전과 결단력은 아이폰, 아이패드 및 맥북과 같은 혁신적인 제품을 만들어 내는 데 기여했습니다. 또한, 잡스는 조직 내에서 변화를 주도하고 구성원들을 향상시키기 위한 높은 기준을 설정하여 변혁 리더십을 구현했습니다.

사례 2. 테슬라의 일론 머스크

일론 머스크는 테슬라를 자동차 산업을 혁신하고 지속 가능한 에너지 솔루션을 개발하는 회사로 만들었습니다. 그의 열정적인 비전과 끊임없는 혁신은 전 세계적으로 인정받고 있으며, 조직 내에서 변화와 혁신을 촉진합니다. 그는 테슬라의 제품 라인과 비즈니스 모델을 혁신하고, 그 과정에서 변혁 리더십의 예를 보여 주고 있습니다.

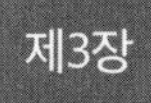

유비쿼터스 리더십의 구현 전략

제1절. 조직 문화 개편과 리더십 재정립

유비쿼터스 리더십은 현대 조직에서 더 높은 수준의 유연성과 혁신을 실현하기 위해 중요한 전략적 요소로 부각되고 있습니다. 이러한 접근 방식은 조직 내외에서 일어나는 변화에 신속하게 적응하고, 다양한 팀 및 개인 간의 협력을 강화하며, 지속적인 성과 개선을 이루어 낼 수 있는 기반을 제공합니다. 이 절에서는 유비쿼터스 리더십의 구현 전략을 조직 문화와 리더십 개편 측면에서 탐구하고자 합니다.

제1항. 조직 문화 개편

가. 조직 문화의 역할

조직 문화는 유비쿼터스 리더십을 구현하는 핵심적인 요소 중 하나입니다. 유비쿼터스 리더십은 조직 전반에 혁신적인 사고와 열린 의사소통 문화를 정착시키는 것을 목표로 합니다. 이를 위해 다음과 같은 전략을 고려할 수 있습니다.

첫째, 문화의 변화 과정입니다. 조직 내에서 변화를 위한 문화를 구축하기 위해 상위 리더십부터 시작하여 모든 계층의 참여를 도모하는 단계적 변화 과정을 설계합니다. 이를 통해 구성원들은 새로운 가치관과 협업 방식을 적극적으로 받아들일 수 있습니다.

둘째, 열린 의사소통 활성화입니다. 정보의 투명성을 높이고, 의사 결정에 대한 배경과 이유를 공유함으로써 조직 내 의사소통의 활성화를 촉진합니다. 디지털 플랫폼과 소셜 미디어를 활용하여 실시간 의사소통을 지원하고 지식 공유를 강화합니다.

나. 조직 문화 개편

유비쿼터스 리더십을 구현하기 위해서는 조직 문화의 개편이 필수적입니다. 조직 문화는 리더십을 형성하고 지원하는 중요한 역할을 합니다.

첫째, 리더십 모델 재고입니다. 조직은 기존의 계층적인 리더십 모델을 재고해야 합니다. 모든 직원들이 리더십 역할을 수행할 수 있는 환경을 조성해야 합니다.

둘째, 학습과 개발 프로그램입니다. 유비쿼터스 리더십을 강화하기 위해 직원들에게 리더십 역량을 개발할 수 있는 교육 및 개발 프로그램을 제공해야 합니다.

제2항. 리더십 재정립

가. 유비쿼터스 리더십 개편 전략

유비쿼터스 리더십을 위해 리더들은 새로운 역량을 발전시켜야 합니다. 디지털 시대에 적합한 리더십은 다음과 같은 전략을 통해 구현될 수 있습니다.

첫째, 디지털 역량 강화입니다. 리더들은 디지털 도구와 기술을 적극 활용하는 능력을 키워야 합니다. 데이터 분석, 인공 지능, 자동화 등의 개념을 이해하고 조직 내 디지털 전환을 주도할 수 있는 역량을 강화해야 합니다.

둘째, 유연한 리더십 스타일 채택입니다. 명령적이고 계층적인 리더십보다는 코칭과 멘토링을 통한 개인 발전을 촉진하는 리더십 스타일을 채택합니다. 리더는 팀원들의 다양한 역량을 존중하며 유연하게 지원합니다.

셋째, 분산된 협업 능력 강화입니다. 팀 구성원들이 지리적으로 분산되어 작업하는 경우에도 원활한 협업을 위한 능력을 키워야 합니다. 가상 팀과 프로젝트 관리를 효과적으로 이끌어 내는 역량이 중요합니다.

나. 조직 내 리더십 개편 전략

조직은 리더십을 개편하는 데에 다음과 같은 전략을 고려해야 합니다.

첫째, 리더십 역할 재정의입니다. 리더십 역할을 정의하고 각 직원들에게 어떤 상황에서든 리더십 역할을 수행할 수 있도록 재정의해야 합니다.

둘째, 리더십 역량 평가입니다. 모든 직원들의 리더십 역량을 정기적으로 평가하고, 이를 개발할 수 있는 기회를 제공해야 합니다.

셋째, 리더십 문화 보급입니다. 조직은 유비쿼터스 리더십을 적극적으로 보급하고, 리더십을 인정하고 보상하는 문화를 구축해야 합니다.

제2절. 디지털 기술 역량 강화와 교육 훈련

유비쿼터스 리더십을 실현하기 위해서는 디지털 기술적 역량을 강화하는 교육 및 훈련이 필수적입니다. 이 절에서는 유비쿼터스 리더십의 구현을 위한 전략과 그에 따른 교육 및 훈련 방법에 대해 논의하겠습니다.

제1항. 기술적 역량 강화와 교육 훈련

가. 교육과 훈련의 필요성

첫째, 디지털 기술의 급속한 발전입니다. 현대 비즈니스 환경에서 디지털 기술은 지속적으로 발전하고 있으며, 업데이트된 기술을 이해하고 활용하는 능력은 핵심 역량입니다.

둘째, 경쟁 우위 확보입니다. 디지털 역량을 키우는 조직은 혁신력을 향상시키고 경쟁 우위를 확보할 수 있습니다.

셋째, 비즈니스 연속성 보장입니다. 유비쿼터스 리더십은 비즈니스 연속성을 보장하고 변화에 대응하는 데 도움이 됩니다.

나. 교육 및 훈련의 중요성

유비쿼터스 리더십을 구현하기 위해서는 교육과 훈련이 필수적입니다. 리더와 직원들이 디지털 기술을 습득하고 역량을 향상시키는 과정을 통해 조직은 경쟁력을 키우고 혁신을 주도할 수 있습니다.

다. 교육 및 훈련 단계

첫째, 리더 교육입니다. 리더들에게 디지털 기술에 대한 교육을 제공하는 것이 첫 번째 단계입니다. 이 교육은 다음과 같은 내용을 다룹니다.

- 최신 디지털 트렌드 및 기술 소개
- 디지털 비전 및 전략 수립 방법
- 혁신적인 사고와 문제 해결 능력 강화

둘째, 직원 교육입니다. 리더와 더불어 조직의 모든 구성원에게 디지털 역량을 강화하는 교육 프로그램을 마련해야 합니다. 이 교육은 다양한 형태로 진행될 수 있으며, 예시로는 다음과 같습니다.

- 온라인 강의와 워크샵
- 전문가 강연과 워크샵
- 자기주도적 학습을 위한 리소스 제공

셋째, 실전 훈련입니다. 교육 이론을 실전에 적용할 수 있도록, 리더와 직원들에게 프로젝트와 과제를 부여하는 훈련 기회를 제공합니다. 이를 통해 실제 문제에 대한 해결 능력을 향상시키고 팀 협력을 강화할 수 있습니다.

제2항. 기술적 역량 강화를 위한 교육 및 훈련의 실행 전략

첫째, 리더십 역량 프레임워크 설계입니다. 디지털 변화에 적응하기 위한 리더십 역량 프레임워크를 개발합니다. 이는 디지털 시대에 필요한 역량들을 구체적으로 정의하고 평가하는 도구를 제공하여 리더들이 자신의 강점과 개선점을 파악할 수 있도록 돕습니다.

둘째, 맞춤화된 교육 모듈 개발입니다. 정의된 역량에 기반하여 리더들을 대상으로 맞춤화된 교육 모듈을 개발합니다. 이 모듈은 온라인 강의, 워크샵, 케이스 스터디 등 다양한 학습 방법을 활용하여 디지털 기술과 관련된 지식을 전달하고 실제 시나리오에 적용하는 능력을 키웁니다.

셋째, 실전 시뮬레이션 훈련입니다. 디지털 시대의 복잡한 의사 결정 상황을 시뮬레이션하는 훈련을 제공합니다. 이를 통해 리더들은 실제 상황에서의 대응 전략을 테스트하고 개선할 수 있는 기회를 가집니다.

넷째, 멘토링 및 네트워킹 기회 제공입니다. 디지털 분야의 전문가나 성공적인 디지털 리더와의 멘토링 기회를 제공하고, 리더들 간의 네트워킹을 유도하여 지식 공유와 협업을 촉진합니다.

다섯째, 온라인 교육 플랫폼 구축입니다. 디지털 기술 교육을 위한 온라인 플랫폼을 구축하여 직원들이 언제 어디서나 학습할 수 있도록 합니다.

여섯째, 성과 평가 및 개선입니다. 교육과 훈련의 성과를 평가하고 개선하는 과정이 필요합니다. 이를 위해 다음과 같은 지표를 활용할 수 있습니다.

- 디지털 역량 향상 정도
- 프로젝트 성과
- 리더와 직원들의 피드백 수집

제3절. 시스템 및 프로세스 개선

유비쿼터스 리더십은 조직의 경쟁력과 혁신 능력을 강화하는 데 결정적인 역할을 합니다. 이 절에서는 유비쿼터스 리더십 구현을 위한 시스템 및 프로세스 개선 방안에 대해 논의하겠습니다.

제1항. 현황 파악 및 문제 분석

유비쿼터스 리더십을 달성하기 위해선 기업의 현재 상황을 정확하게 파악해야 합니다. 예를 들어, 기존 리더십 모델, 기술 인프라, 조직 문화 등을 다음과 같은 요소들을 통해 분석할 수 있습니다.

- 기업의 현재 리더십 모델은 어떤가요? 효과적이고 유연한가요?
- 기업은 어떤 기술을 사용하고 있나요? 클라우드, 인공 지능, 빅데이터 등의 새로운 기술을 적극적으로 활용하고 있나요?
- 조직은 협업, 혁신, 개방적인 의사소통 등을 촉진하는 문화를 가지고 있나요?

유비쿼터스 리더십을 구현하기 위해 조직 내에서는 몇 가지 주요한 문제점을 파악해야 합니다.

첫째, 정보 접근성 부족 문제입니다. 일반적으로 조직 내에서 필요한 정보에 빠르게 접근하기 어렵습니다. 리더들이 필요로 하는 정보가 분산되어 있거나 중앙 집중화되어 있지 않아 의사 결정에 어려움을 겪는 경우가 많습니다.

둘째, 협업 및 의사소통 문제입니다. 유비쿼터스 리더십은 협업과 의사소통에 강한 의존성이 있습니다. 협업 도구 및 의사소통 채널의 효율성 및 편리성이 부족하여 조직 내부에서 정보 및 아이디어 교류가 어려운 경우가 있습니다.

제2항. 시스템 및 프로세스 개선 제안

첫째, 데이터 중심 시스템 구축입니다. 데이터 중심 시스템을 구축하여 조직 내에서 필요한 정보에 쉽게 접근할 수 있도록 합니다. 이를 위해 데이터 웨어하우스(Data Warehouse)를 구축하고, 데이터 시각화 도구 및 대시보드를 도입하여 리더들이 실시간으로 조직 상태를 파악할 수 있도록 합니다. 예: 판매 리더가 매출 데이터를 실시간 대시보드에서 확인하여 판매 전략을 조정합니다.

둘째, 디지털 협업 플랫폼 도입입니다. 디지털 협업 플랫폼을 도입하여 팀 간 협업과 의사소통을 강화합니다. 이를 통해 리더들은 언제 어디서나 팀원들과 손쉽게 의견을 공유하고 작업을 추적할 수 있습니다. 예: 프로젝트 관리 리더가 팀원들과 협업 플랫폼을 통해 프로젝트 진행 상황을 모니터링하고 업무 할당을 조정합니다.

셋째, 리더십 개발 프로그램 강화입니다. 유비쿼터스 리더십을 위한 교육 및 개발 프로그램을 강화합니다. 리더들에게 디지털 리더십 스킬과 도구 활용 능력을 향상시키기 위한 교육을 제공합니다. 예: 리더십 개발 프로그램을 통해 리더들이 데이터 분석 및 디지털 협업 도구 사용에 대한 훈련을 받습니다.

제3항. 시스템 및 프로세스 개선 실행 전략

첫째, 실시간 협업 플랫폼 도입입니다. 현대 조직에서는 멀티 로케이션 및 원격 근무 환경이 늘어나고 있습니다. 따라서 실시간 협업 플랫폼을 도입하여 팀 간의 의사소통과 정보 공유를 원활하게 할 수 있습니다. 예를 들어, Slack, Microsoft Teams 등의 플랫폼을 활용하여 팀원들이 언제든지 메시지, 파일 및 업무 업데이트를 공유할 수 있습니다.

둘째, 클라우드 기반 프로젝트 관리 도구 도입입니다. 프로젝트 관리는 유비쿼터스 리더십에서 핵심적인 역할을 합니다. 클라우드 기반의 프로젝트 관리 도구를 도입하여 팀원들이 프로젝트 일정, 해야 할 일 목록, 업무 우선순위 등을 실시간으로 업데이트하고 공유할 수 있습니다. 예를 들어, Trello, Asana 등의 도구를 사용하여 업무 효율성을 높일 수 있습니다.

셋째, 가상 회의 및 웨비나 활용 확대입니다. 유비쿼터스 리더십은 대면 미팅의 필요성을 줄여 줍니다. 가상 회의 및 웨비나 플랫폼을 적극적으로 활용하여 멀티 로케이션 팀 간의 회의 및 교육을 용이하게 만들 수 있습니다. 예를 들어, Zoom, Webex 등의 도구를 활용하여 대화형 세션을 진행하고 자료 공유를 할 수 있습니다.

넷째, 구현 및 평가입니다. 위의 제안 사항을 구체적으로 실행하고, 주기적으로 평가하여 개선점을 찾아냅니다. 특히, 측정 가능한 지표를 설정하여 시스템 및 프로세스의 성과를 모니터링합니다.

제4절. 혁신을 위한 시행착오 포용 문화 구축

현대 조직은 빠르게 변화하는 환경에서 새로운 아이디어와 혁신을 통해 경쟁 우위를 확보해야 합니다. 이를 위해서는 리더십이 혁신을 주도하고 지원하는 역할이 필수적입니다. 이 절에서는 유비쿼터스 리더십을 구현하기 위한 전략으로 혁신적인 아이디어 발굴과 시행착오 문화 구축의 중요성을 논의하겠습니다.

제1항. 혁신적인 아이디어 발굴

유비쿼터스 리더십을 위해선 혁신적인 아이디어를 지속적으로 발굴하는 것이 필요합니다. 이를 위해 다음과 같은 전략을 사용할 수 있습니다.

첫째, 아이디어 공유 플랫폼 구축입니다. 조직 내에서 아이디어를 제출하고 공유할 수 있는 디지털 플랫폼을 구축합니다. 이 플랫폼은 모든 구성원이 자유롭게 의견을 나눌 수 있는 환경을 조성합니다.

둘째, 다양한 관점 수용입니다. 다양한 경험과 배경을 가진 구성원들의 의견을 수용하고 존중합니다. 이는 창의성을 촉진하고 혁신적인 아이디어를 발굴하는 데 도움이 됩니다.

셋째, 아이디어 장려와 보상입니다. 조직 내부에서 창의적인 아이디어를 제시한 개인이나 팀을 인정하고 보상함으로써 아이디어를 활성화시킵니다. 아이디어를 제출하고 경쟁하는 환경을 조성하고, 혁신적인 아이디어를 제공한 구성원들을 인센티브화하여 창의성을 격려합니다.

넷째, 다양한 출처의 아이디어 수용입니다. 내부 조직원뿐만 아니라 외부 전문가, 고객, 경쟁사 등 다양한 출처에서 온 아이디어를 수용하고 평가합니다.

제2항. 시행착오 포용 문화 구축

혁신적인 아이디어를 발굴한 후, 이를 구현하기 위해서는 실패를 두려워하지 않는 문화가 필요합니다. 시행착오를 통해 배우고 성장하는 환경을 조성하기 위한 전략은 다음과 같습니다.

첫째, 실패 경험 공유입니다. 실패한 프로젝트나 시도에 대한 경험을 공유하고 배운 점을 토론함으로써 조직 내에서 실패를 인정하고 그로부터 교훈을 얻을 수 있도록 합니다.

둘째, 시행착오 관리 및 분석입니다. 실패한 프로젝트의 원인과 과정을 분석하여 어떤 부분에서 문제가 발생했는지를 파악하고 개선점을 도출합니다.

셋째, 시도를 위한 리소스 지원입니다. 새로운 아이디어나 프로젝트를 시도하기 위한 충분한 시간과 자원을 할당하여 실험과 혁신을 지원합니다.

넷째, 실험과 학습입니다. 조직 내에서 실험을 통해 아이디어를 구현하고, 실패를 경험함으로써 학습하도록 장려합니다. 실패는 성공의 전 단계라는 관점을 촉진합니다.

제3항. 성공 사례

사례 1. 구글의 '20% 프로젝트'

구글은 구성원들에게 매주 20%의 업무 시간을 자유롭게 아이디어 발굴과 실험에 사용하도록 허용합니다. 이로 인해 Gmail 및 Google Maps와 같은 혁신적인 제품이 개발되었습니다.

사례 2. 아마존의 실험 문화

아마존은 "실험과 학습"이라는 원칙을 따라 시행착오 문화를 구축했습니다. 이 원칙은 실패를 인정하고 이를 통해 더 나은 결정을 내리는 데 활용됩니다. 이를 통해 아마존은 다양한 혁신을 이끌어 내고 성공을 거두었습니다.

제5절. 다양성과 포괄적 리더십

현대 비즈니스 환경은 끊임없는 변화와 혁신을 요구하며, 다양성과 포용성을 적극적으로 수용하는 조직은 경쟁력을 확보하는 데 중요한 역할을 합니다. 이 절에서는 유비쿼터스 리더십을 구현하기 위한 전략으로 다양성과 포용성을 중요한 핵심 요소로 삼아 조직 문화를 구축하는 방법에 대해 논의하겠습니다.

제1항. 다양성과 포용성

가. 다양성과 포용성의 개념

다양성은 다양한 배경, 경험, 관점을 가진 다양한 인재를 조직 내에 유치하고 존중하는 것을 의미합니다. 포용은 이러한 다양성을 존중하고 그들의 차이를 포용하는 문화를 구축하는 것입니다. 다양성과 포용은 창의성을 촉진하고 혁신을 격려하는 데 중요한 역할을 합니다. 또한 급변하는 시장에서 다양한 관점을 수용하고 적응하는 데에도 도움을 줍니다.

나. 다양성과 유비쿼터스 리더십

팀 내에서의 다양성은 유비쿼터스 리더십을 구현하는 데 중요한 역할을 합니다. 예를 들어, 다양한 배경, 문화, 경험을 가진 팀원들은 다양한 시각과 아이디어를 제공할 수 있으며, 이는 문제 해결과 혁신에 도움을 줍니다. 유비쿼터스 리더십은 이러한 다양성을 존중하고 적극적으로 활용하는 데 중요한 역할을 합니다. 예를 들어, 서로 다른 지역에 위치한 팀원들을 가상 환경에서 만나게 함으로써 지역적인 차이를 극복하고 다양한 문화를 이해하며 협업할 수 있습니다.

다. 포괄적 리더십의 중요성

포괄적 리더십은 모든 구성원을 포용하고 존중하는 리더십 스타일을 지칭합니다. 포괄적 리더십은 조직 내의 모든 구성원이 리더로서의 역할을 수행할 수 있는 문화를 만들어 내는 것입니다. 이는 팀원들 간의 협력과 의사소통을 강화시키며 조직의 성과를 향상시킵니다. 유비쿼터스 환경에서는 팀원들이 물리적인 위치와 상관없이 참여할 수 있으므로 다양한 배경과 능력을 가진 구성원들을 포함하는 것이 중요합니다. 이는 조직 내의 다양한 의견을 존중하고 결합함으로써 혁신적인 아이디어를 육성하고 지속 가능한 성과를 이룰 수 있게 합니다.

제2항. 다양성과 포용을 장려하는 조직 문화

조직 문화는 조직의 가치관과 행동 양식을 반영하며, 다양성과 포용을 장려하는 문화를 구축하는 것은 조직의 지속적인 성장과 혁신에 중요한 역할을 합니다.

첫째, 다양성 존중입니다. 예를 들어, 조직 내의 모든 팀이 적어도 한

명 이상의 다른 문화나 국적의 구성원을 포함하도록 하는 정책을 시행합니다.

둘째, 다양성을 위한 리더십 모델 구축입니다. 예를 들어, 조직 내에서 문화적 다양성을 강조하고 다양성 리더를 선정하여 다양성 이니셔티브를 주도하도록 합니다.

셋째, 문화적 포용 촉진입니다. 예를 들어, 문화적 포용을 장려하기 위해 정기적으로 문화 교류 행사를 개최하고, 참여를 촉진하는 프로그램을 도입합니다.

제3항. 다양성과 포괄적 리더십 구현 전략

첫째, 문화적 다양성 촉진입니다. 조직 내 문화적 다양성을 존중하고 촉진하는 것이 유비쿼터스 리더십의 핵심입니다. 따라서 조직의 가치관과 문화를 다양성과 포용성을 존중하는 방향으로 재정립합니다. 리더는 모범적인 행동을 보이고, 다양한 의견을 존중하며 포용적인 환경을 조성해야 합니다. 예를 들어, 조직 내 다양한 배경과 경험을 가진 인재를 채용하여 다양성을 확대합니다. 또한, 문화적 다양성을 지원하기 위한 리소스와 네트워크를 조직 내에 마련합니다.

둘째, 리더십 역량 개발과 교육입니다. 다양성을 존중하고 포용하는 문화를 구축하려면 조직 내 구성원들의 역량을 증진시키는 것이 중요합니다. 교육과 개발 기회를 통해 다양한 배경을 가진 인재들이 능력을 펼칠 수 있도록 지원해야 합니다. 이를 통해 조직 전체의 성과를 향상시킬 수 있습니다.

셋째, 열린 의사소통입니다. 유비쿼터스 리더십을 구현하려면 열린 의사소통 환경을 조성해야 합니다. 모든 구성원이 의견을 자유롭게 표현하고 듣고 받을 수 있는 분위기를 조성합니다. 예를 들어, 주기적인 회의와 의견 수렴 메커니즘을 도입하여 모든 의견이 조직의 의사 결정에 반영될 수 있도록 합니다. 다양한 디지털 플랫폼을 활용하여 의견 공유와 피드백 수렴을 촉진합니다.

넷째, 성과 측정과 지속적인 개선입니다. 유비쿼터스 리더십과 다양성/포용성 관련 성과 지표를 개발하고, 정기적으로 평가합니다. 또한, 피드백을 수렴하고 조직 문화를 지속적으로 개선하기 위한 메커니즘을 구축합니다.

제6절. 분산된 팀 관리와 협업 리더십

현대 조직에서는 급변하는 환경 속에서도 효율적으로 경영하기 위해 유연한 리더십 모델이 필요합니다. 특히 글로벌화와 기술 발전으로 인해 분산된 팀 관리와 협업이 중요해졌습니다. 이 절에서는 유비쿼터스 리더십을 구현하기 위한 전략으로 분산된 팀 관리와 협업 리더십에 대한 구체적인 내용을 살펴보겠습니다.

제1항. 분산된 팀 관리 전략

첫째, 디지털 기술 도구 활용입니다. 유비쿼터스 리더십을 구현하기 위해선 다양한 디지털 기술 도구를 활용해야 합니다. 예를 들어, 온라인 회의 도구, 프로젝트 관리 소프트웨어, 실시간 메시징 앱 등을 통해 팀원들과 원활하게 소통하고 작업을 추적할 수 있습니다.

둘째, 명확한 역할과 책임 부여입니다. 분산된 팀원들에게 명확한 역할과 책임을 부여하는 것이 중요합니다. 이를 통해 혼란을 최소화하고 효율성을 높일 수 있습니다.

셋째, 성과 측정 및 피드백입니다. 목표 달성을 위해 개인과 팀의 성과를 측정하고 피드백을 제공합니다. 성과에 대한 투명한 정보는 팀원들의 동기 부여와 협업을 촉진합니다.

넷째, 신뢰 기반 리더십입니다. 리더는 팀원들을 신뢰하고 그들의 능력을 존중해야 합니다. 신뢰 기반 리더십은 팀원들의 자율성을 증대시키고 창의성을 끌어올릴 수 있습니다.

제2항. 협업 리더십 구현 전략

첫째, 공동 비전 구축입니다. 모든 팀원이 공유하는 비전과 목표를 설정합니다. 이 비전은 팀원들에게 의미 있는 일을 수행하게 하며, 협업의 중요성을 강조합니다.

둘째, 자율성과 책임 부여입니다. 팀원들에게 자율성을 부여하고 책임을 위임하여 능동적인 참여와 창의성을 유도합니다. 이를 통해 조직 내 리더십 역량을 발휘할 수 있는 기회를 제공합니다.

셋째, 팀원 간 협업을 장려합니다. 유비쿼터스 리더는 팀원들 간의 협업을 촉진해야 합니다. 이를 위해 팀원들 간의 관계 구축을 장려하고 아이디어 공유를 촉진해야 합니다.

넷째, 다양성과 포용성 촉진입니다. 다양한 배경과 경험을 가진 팀원들을 포용하고 그들의 다양성을 활용하는 것이 중요합니다. 이를 통해 창의적인 문제 해결이 가능해집니다.

다섯째, 성과 평가와 피드백입니다. 리더는 성과 평가와 피드백을 통해 팀원들의 성장을 지원해야 합니다. 정기적인 회의와 개별 피드백은 팀원들의 개선을 돕습니다.

제3항. 사례 연구

사례 1. ABC 기업의 분산된 팀 관리 전략

ABC 기업은 분산된 팀 관리를 위해 Slack과 Asana 같은 기술 도구를 활용하고, 각 팀원에게 프로젝트별 역할과 책임을 명확히 부여했습니다. 이로써 팀은 효율적으로 협업하고 업무의 투명성을 높였습니다.

사례 2. XYZ 기업의 협업 리더십 전략

XYZ 기업은 팀원 간의 협업을 촉진하기 위해 주기적인 워크샵을 개최하고, 팀원들에게 자유로운 아이디어 공유를 장려했습니다. 이러한 노력 덕분에 창의적인 문제 해결 능력이 향상되었습니다.

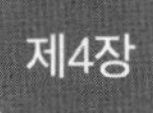

유비쿼터스 성공리더십을 위한 제안

제1절. 리더십 역량 강화와 지속적인 학습

현대 비즈니스 환경에서는 기술의 급격한 발전과 디지털 혁신이 기업들에게 새로운 기회와 도전을 제시하고 있습니다. 이러한 환경에서 유비쿼터스 리더로서의 역량을 강화하고 지속적으로 학습하고 성장하는 것은 기업의 성공에 있어 중요한 요소 중 하나입니다. 이 절에서는 유비쿼터스 리더로서의 역량을 향상시키기 위한 주요 방법에 대해 설명하겠습니다.

제1항. 유비쿼터스 리더십 역량

가. 유비쿼터스 리더십의 개념

비즈니스 환경은 디지털화와 기술 혁신으로 인해 더욱 빠른 변화를 겪고 있습니다. 이에 따라 리더는 정확하고 신속한 의사 결정이 필요한 상황에서도 즉각적으로 대응할 수 있는 능력이 요구됩니다. 유비쿼터스 리더십은 이러한 요구에 부합하며, 조직 내에서 혁신과 변화를 주도할 수 있는 역량을 강화하는 데 도움을 줄 수 있습니다. 유비쿼터스 리더십은 어떤 환경에서도 유연하게 리더십 역할을 수행하는 능력을 의미합니다. 이것은 다양한 기술, 문화, 사회 변화에 대한 적응과 변화 능력을 내포하고 있으며, 이를 통해 조직이 혁신적이고 지속적으로 성장할 수 있습니다.

나. 유비쿼터스 리더십 역량의 구성 요소

유비쿼터스 리더로서의 역량을 강화하기 위해서는 다음과 같은 핵심 역량이 필요합니다.

첫째, 디지털 지식과 기술 이해입니다. 유비쿼터스 리더는 최신 기술 동향을 이해하고 조직 내에서 이를 적용할 수 있는 능력을 가져야 합니다. 예를 들어, 빅데이터 분석, 인공 지능, 사물인터넷 등의 기술을 이해하고 활용하여 비즈니스 프로세스를 최적화하거나 혁신적인 솔루션을 개발할 수 있어야 합니다.

둘째, 신속한 의사 결정 능력입니다. 유비쿼터스 리더는 빠르게 변화하는 환경에서 신속한 의사 결정을 내릴 수 있는 능력을 가지고 있어야 합니다. 이를 위해서는 다양한 정보를 수집하고 분석하여 복잡한 문제에 대한 해결책을 빠르게 도출할 수 있어야 합니다.

셋째, 가상 협업과 커뮤니케이션 능력입니다. 유비쿼터스 리더는 지리적으로 분산된 팀과도 효과적으로 협업하고 커뮤니케이션할 수 있는 능력이 필요합니다. 가상 협업 도구를 활용하여 원활한 의사소통과 정보 공유를 가능케 하며, 팀원들의 참여와 열정을 고무시켜야 합니다.

제2항. 유비쿼터스 리더

가. 유비쿼터스 리더의 정의

유비쿼터스 리더는 어떤 시간, 장소, 상황에서도 효과적으로 리더십을 발휘할 수 있는 능력을 갖춘 리더를 의미합니다. 이는 지속적인 학습과 발전, 융통성, 혁신, 그리고 기술에 대한 통찰력을 필요로 합니다.

나. 유비쿼터스 리더로 성장하기 위한 핵심 요소

첫째, 기술적 지식과 역량의 강화입니다. 유비쿼터스 리더로서 역량을 강화하기 위해서는 현재의 기술 동향과 발전을 파악하는 것이 중요합니다. 예를 들어, 인공 지능, 블록체인, 빅데이터 등의 주요 기술 트렌드를 학습하고 이를 조직 내에 적용해야 합니다.

둘째, 융통성 및 문제 해결 능력 강화입니다. 유비쿼터스 리더는 다양한 상황에서 융통성을 발휘하며 문제를 효과적으로 해결할 수 있어야 합니다. 이를 위해서는 시나리오 기반 훈련과 문제 해결 능력 강화 프로그램을 도입해야 합니다.

셋째, 혁신적 사고와 창의성 개발입니다. 유비쿼터스 리더는 혁신적인 사고와 창의성을 통해 새로운 아이디어를 발굴하고 기존 비즈니스 모델을 혁신해야 합니다. 이를 위해서는 아이디어 공유 플랫폼과 혁신 프로젝트를 지원해야 합니다.

넷째, 지속적인 학습입니다. 지속적인 학습은 유비쿼터스 리더십의 핵심 요소입니다. 현대 비즈니스 환경에서는 변화하는 기술, 시장 동향, 고객 요구 등에 민첩하게 대응하기 위해서는 지속적인 학습이 필수입니다. 리더는 새로운 지식과 통찰력을 얻기 위해 독서, 강의, 워크샵 등을 통해 자기 계발에 주력해야 합니다.

다섯째, 다양한 관점의 이해입니다. 유비쿼터스 리더는 다양한 관점을 이해하고 존중하는 능력을 가져야 합니다. 다양한 배경과 역할을 가진 팀원들의 의견을 수렴하고 통합함으로써 창의적인 문제 해결과 혁신을 이끌어 낼 수 있습니다.

제3항. 유비쿼터스 리더십 역량 강화 전략

첫째, 기술적 적응 및 역량 강화입니다. 유비쿼터스 리더는 기술의 변화에 민감하게 대응해야 합니다. 예를 들어, 스마트 기술의 급격한 발전으로 기업의 업무 방식이 바뀌는 상황에서, 리더는 새로운 기술을 빠르게 습득하고 이를 효과적으로 활용하는 방법을 모색해야 합니다.

둘째, 문화적 적응 및 협업 역량 강화입니다. 글로벌 비즈니스 환경에서, 문화적 다양성에 대한 이해와 적응이 필요합니다. 예를 들어, 다양한 국적과 문화를 가진 팀을 이끄는 리더는 각 문화의 가치와 관행을 존중하고 조화롭게 협업할 수 있는 능력을 가져야 합니다.

셋째, 혁신과 변화의 주도입니다. 유비쿼터스 리더는 종종 혁신과 변화의 주도 역할을 맡습니다. 조직이 새로운 전략을 수립하거나 산업 동향이 변할 때, 리더는 혁신을 통해 변화를 주도하고 직원들을 동참시키는 능력이 필요합니다. 또한, 유비쿼터스 리더는 조직 내 혁신적인 문화를 조성해야 합니다. 실패를 허용하고 실험을 장려하는 환경을 만들어야 합니다.

넷째, 지속적인 학습과 자기 계발입니다. 유비쿼터스 리더로서 역량을 강화하기 위해서는 지속적인 자기 계발이 필요합니다. 기술 및 리더십 관련 서적, 온라인 강의, 웨비나 등을 통해 최신 정보를 습득하고 기술을 연마하는 노력이 필요합니다. 기술의 발전 속도에 맞추어 새로운 기술과 도구에 대한 지식을 습득하고 개발해야 합니다.

다섯째, 기술 전문가와의 협력입니다. 유비쿼터스 리더는 모든 기술을 스스로 이해하려고 하지 않아도 됩니다. 전문적인 기술 팀과 협력하여 기술적인 문제에 대한 해결책을 함께 찾아 나가는 것이 중요합니다. 예를 들어, 소프트웨어 개발자와 함께 제품 혁신을 위한 아이디어를 구체화하고 실행할 수 있습니다.

여섯째, 데이터 기반 의사 결정입니다. 유비쿼터스 리더는 데이터를 기반으로 한 의사 결정을 강화해야 합니다. 데이터 분석 도구를 활용하여 시장 동향, 고객 행동 등의 정보를 분석하고 이를 기반으로 전략을 수립하거나 수정할 수 있습니다.

유비쿼터스 리더로서의 역량을 강화하기 위해서는 디지털 역량, 데이터 중심 접근, 혁신적 사고와 리더십이 필요합니다. 이러한 역량을 향상시키기 위한 지속적인 학습과 노력은 조직의 성과 향상과 경쟁력 확보에 결정적인 역할을 할 것입니다.

따라서 리더는 지속적인 학습과 발전을 통해 유비쿼터스 리더십의 원칙을 활용하여 조직과 자신의 성장을 촉진해야 합니다.

제2절. 혁신과 실패에 대한 유연한 태도

유비쿼터스 리더로서 혁신을 추구하면서 실패를 경험하는 것은 불가피합니다. 이 절에서는 유비쿼터스 리더로서 혁신과 실패에 대한 적절한 태도에 대해 논의하고 설명하겠습니다.

제1항. 혁신과 실패의 관계

가. 혁신의 개념

혁신은 새로운 아이디어, 제품, 서비스, 또는 프로세스를 개발하고 적용하는 과정입니다. 유비쿼터스 시대는 기업과 조직이 기존의 경영 방식을 혁신하고 새로운 아이디어를 적극적으로 수용해야 함을 의미합니다. 유비쿼터스 리더는 변화의 필요성을 인식하고 끊임없이 발전하려는 태도를 가지고 있어야 합니다.

나. 혁신과 실패의 연관성

혁신은 성공과 실패의 양면을 갖고 있습니다. 혁신을 통해 기업이나 조직은 새로운 아이디어나 기술을 도입하고, 이를 통해 경쟁 우위를 확보할 수 있습니다. 그러나 모든 혁신이 성공하는 것은 아닙니다. 실패는 혁신의 일부분으로 받아들여져야 하며, 이를 통해 배우고 성장할 수 있습니다.

제2항. 유비쿼터스 리더의 혁신에 대한 태도

첫째, 혁신과 변혁 리더십입니다. 유비쿼터스 시대에서의 성공적인 혁신은 리더십의 핵심입니다. 리더는 조직 내에서 혁신을 주도하고 새로운 아이디어를 장려함으로써 창의성을 촉진해야 합니다. 예를 들어, 애플의 스티브 잡스는 혁신적인 제품 개발을 이끄는 데 있어서 끊임없는 열정과 비전을 보여 주었습니다.

둘째, 변화에 대한 유연한 태도입니다. 유비쿼터스 시대는 변화의 속도가 빠르기 때문에 리더들은 유연한 태도를 갖추어야 합니다. 새로운 기술과 트렌드에 대한 빠른 적응과 이를 조직 내에 효과적으로 전파하는 능력이 요구됩니다. 아마존의 제프 베조스는 끊임없는 변화와 적응을 통해 기업을 성장시킨 예라고 할 수 있습니다.

셋째, 다양한 관점의 이해입니다. 유비쿼터스 리더는 다양한 관점을 이해하고 존중하는 능력을 가져야 합니다. 다양한 배경과 역할을 가진 팀원들의 의견을 수렴하고 통합함으로써 창의적인 문제 해결과 혁신을 이끌어 낼 수 있습니다.

넷째, 실패와 학습입니다. 혁신은 항상 성공으로 이어지는 것은 아닙니다. 실패는 혁신의 과정에서 불가피한 부분이며, 이를 올바르게 다루는 것이 중요합니다. 실패를 긍정적인 방식으로 받아들이고 그로부터 교훈을 얻는 능력은 유비쿼터스 리더의 필수 능력입니다. 구글의 실패한 제품들이 다음 혁신에 어떻게 이어졌는지를 살펴보면 이를 이해할 수 있습니다.

다섯째, 혁신을 위한 실험과 위험 감수입니다. 유비쿼터스 리더는 안전한 영역을 벗어나 실험을 하고 새로운 시도를 감행함으로써 혁신을 이끌어 내야 합니다. 이는 실패의 가능성과 위험을 포함하며, 이에 대한 태도가 중요합니다. 실험을 통해 새로운 가능성을 모색하고 실패를 경험함으로써 성공으로 이어질 수 있는 길을 찾아낼 수 있습니다.

제3항. 유비쿼터스 리더의 실패에 대한 태도

첫째, 실패에 대한 인식과 대응입니다. 혁신은 항상 성공으로 이이지지 않을 수 있습니다. 유비쿼터스 리더는 실패를 인정하고 이를 배움의 기회로 삼아야 합니다. 실패를 두려워하지 않고 도전하는 태도를 갖는 것이 중요합니다. 예를 들어, 구글의 프로젝트 실패인 구글 웨이브는 기대에 미치지 못한 결과를 가져왔지만, 이는 기업 내부에서 실패 원인을 분석하고 다음 프로젝트에 반영함으로써 성공을 이끌어 냈습니다.

둘째, 실패로부터의 교훈입니다. 유비쿼터스 리더는 실패를 두려워하지 않고 실패로부터의 교훈을 받아들일 수 있는 태도를 가지고 있어야 합니다. 실패를 경험하며 배운 것들을 다음 도전에서 적용하여 더 나은 결과를 창출할 수 있습니다. 실패를 겪으면 리더는 문제점을 파악하고 조직 내에서 개선을 위한 노력을 기울일 수 있습니다. 또한 실패를 공개적으로 공유하고 피드백을 받는 것은 조직 내에서의 혁신 문화를 촉진할 수 있습니다.

셋째, 조정과 유연한 리더십입니다. 유비쿼터스 환경에서는 예기치 않은 변화가 빈번하게 발생할 수 있습니다. 유비쿼터스 리더는 이에 유연하게 대응하고 조직을 조정할 준비가 되어 있어야 합니다. 예를 들어, 아마존의 제프 베조스는 변화에 빠르게 대응하며 기업을 성장시키고 있는 모범 사례입니다. 그는 실패에 대한 두려움 없이 새로운 아이디어를 추구하고, 이를 통해 기업을 혁신과 성공으로 이끌고 있습니다.

혁신적인 아이디어를 추구하고 실패를 두려워하지 않는 태도는 기업을 성장시키는 열쇠입니다. 유연하고 적응력 있는 리더십으로 변화에 빠르게 대응하며 조직을 조정하는 능력도 중요합니다. 유비쿼터스 리더로서, 혁신을 주도하고 실패를 경험하는 과정에서 리더는 변화의 중심에서 탄력적이고 학습 지향적인 태도를 유지해야 합니다. 유비쿼터스 리더로서, 실패를 두려워하지 않고, 그로부터 교훈을 얻어 성장하며, 끊임없이 혁신을 추구하는 리더는 미래의 도전과 기회를 효과적으로 대처해 나가고, 조직을 성공으로 이끌어 낼 것입니다.

에필로그(Epilogue)

이 책의 저자로서, 나는 그동안의 글쓰기 과정에서 존재하지 않았던 독특한 협력 경험을 하였습니다. 인공 지능 모델인 ChatGPT는 저의 창의적인 고민과 필요에 따라 텍스트를 생성하는 데 도움을 주었습니다. 또한, ChatGPT는 제가 연구한 주제에 대한 추가 정보를 제공하고, 아이디어를 균형 있게 발전시키는 데에도 도움을 주었습니다. 그 결과, 이 책은 새로운 관점과 통찰력을 갖게 되었으며 더 풍부한 내용과 표현력을 가질 수 있었습니다.

하지만, 이 책의 작성은 ChatGPT의 지원만으로 이루어진 것이 아님을 강조하고 싶습니다. ChatGPT는 정보를 제공하는 데 도움을 주었지만, 이 책의 창작 아이디어, 구조, 스토리텔링, 그리고 전반적인 집필 과정은 저자 본인의 지식과 경험, 창작 의지와 글쓰기 역량을 반영한 것입니다. 저자는 ChatGPT가 출력한 텍스트를 검토하고 수정하여 적절한 문맥과 전문성을 유지하면서 최종적인 내용을 완성하였습니다. 따라서, 책의 내용은 저자 본인의 지식과 경험을 기반으로 작성되었으며, ChatGPT는 보조적인 역할을 수행한 것으로서, 저자의 창작적 노력이 이 책의 완성에 주된 역할을 하였음을 밝힙니다. 저자는 ChatGPT를 도구로 활용하면서도 언제나 인간 작가의 역량을 최대한 발휘하려고 노력했습니다. 따라서 ChatGPT는 기술적인 도움을 주었지만, 이 책의 모든 창작 과정은 인간 작가의 창의성과 노력에 기반하고 있음을 다시 한번 강조하고 싶습니다.

이러한 AI와 인간 작가의 협업은 미래의 글쓰기와 예술 창작에 대한 새로운 가능성을 열어 놓고 있으며, 이 에필로그를 통해 그 여정을 기록하고자 합니다. 마지막으로, 이 책을 읽는 독자들에게 감사의 말씀을 전합니다. 여러분의 지속적인 지원과 이해에 힘입어 이러한 실험적인 작업을 이어 나갈 수 있었으며, 앞으로도 더 나은 글쓰기와 아이디어 공유를 위한 노력을 계속하겠습니다. 새로운 가능성을 탐험하는 이 행복한 여정에 함께해 주셔서 감사합니다.